U1070413

“茅舍槿篱溪曲”

“门外春波荡绿”

踏上回归精神故里寻古探幽的旅程，

感受乡土的温暖与润泽，

体味精神家园的馨香。

2

国家出版基金项目
NATIONAL PUBLICATION FOUNDATION

"十三五"
国家重点图书
出版规划项目

中国民间文化遗产抢救工程
THE PROJECT TO CHINESE FOLK CULTURAL HERITAGES

中国历史文化名城·名镇·名村丛书

中國歷史文化名村

河北南横口

中国民间文艺家协会 / 组织编写
总主编 / 潘鲁生 邱运华
本卷主编 / 何克宁 马佶

知识产权出版社
全国百佳图书出版单位
—北京—

《中国历史文化名村·河北南横口》

编委会

积聚海量信息 寻觅科学路径（序一）

邱运华

传统村落保护是当下中国文化遗产保护工作中最重要的社会性课题之一。对于一个具有绵延五千年不间断农业文明的民族来说，传统村落能否得到妥善保护更是一个文明能否传承的关键问题。

传统村落保护是当代社会发展的普遍问题，不独中国社会存在，西方发达国家存在，东方发达国家也存在。从世界范围看，这是一个国家从欠发达到发达、从农业社会过渡到工业社会、从以农村为主体发展到城镇化生活方式过程中普遍存在的问题。有学者把中国农村经济结构改造、社群建设、新文化建设和整体民生改善工作这一进程，追溯到20世纪50年代。但我以为，它毕竟不是我们现在所处的整体转向工业化、城市化进程中遇到的课题。中国社会同一性质的乡村保护课题，起源还是世纪之交的2003年2月18日“中国民间文化遗产抢救工程”。2012年12月12日，住房和城乡建设部、文化部、财政部联合发布《关于加强传统村落保护发展工作的指导意见》，2014年4月25日，除上述三部外又增加了国家文物局，联合发布《关于切实加强中国传统村落保护的指导意见》，两次重申传统村落保护的联合行动。冯骥才先生在2012年的一篇文章里把传统村落保护提高到文明传承的高度，我认为非常正确。中国社会各界对传统乡村保护的问题，有着非常积极的呼应。

中国是发展中国家，但是从东部、南部和东南部区域看，具有发达国家的某些特征。农村人口从西部向东部、从村落向城镇转移，是1990—2010年最重要的社会现象，这一巨大的人口变迁集中表现为城镇人口急速膨胀、传统村落急速空心化，不少历史悠久的自然村落仅仅剩下老人和儿童。因此，传统村落的保护在中国面临的问题，与发达国家相比，具有共同性。例如，从“二战”后恢复到工业化时期，德国和日本先后进行的村落更新或改造项目具有几个明显特征：一是以激发村落内部活力、发展农村经济作为前提，以改造农村基本生活设施作为基础展开；二是村落更新或再造项目以土地管理法令的再研究作为保障；三是建立了学术界论证、公布更新或再造规划、政府支持的财政额度及投入指向、个性化改造方案与村民意愿表达的有效沟通机制，有效保护村落历史文化、自然风景、公共空间与私人空间等要素。综合来看，先行的国家特别注重传统村落的“民间日常生活”保存问题。

所谓“民间日常生活”的具体含义是什么？乃指传统村落村民群体的方言、交往方式、经济生产活动、衣食住行、生老病死、教育、节日活动、传统风俗、民间信仰活动以及区域性的传统手工艺活动等，以及上述种种的精神性、思想性、文化性、艺术性和物质性表现形态。长期以来，中国传统村落之所以成为民族文化的保留者和传承平台，核心在于保存着这个民间日常生活，它的内容和方式，在民间日常生活的基础上，方可承载不同样式、层次的民族文化。

之所以在这里提出将“民间日常生活”作为传统村落的文化基础问题，乃是因为看到目前对待传统村落的两种观点具有一定的欺骗性，并不同程度地主宰和误导了传统村落的基本价值指向。一种是浪漫主义传统村落观，一种是商业主义传统村落观。浪漫主义传统村落观把传统村落理想化、浪漫化，仿佛传统村落是用来怀旧的，象征着一切美好的自然与人类的和谐，田园风光，日出而作，日落而息，男耕女织，像是《桃花源记》里的武陵源，“不知有汉，无论魏晋”。但是，这不是民间日常生活；民间日常生活还包含在落后生产力条件下的温饱之苦、辛劳之苦，是传统村落里百姓的生活常态；生产关系之阶级阶层压迫、政治强权和无权地位，以及在自然面前束手无策，在兵灾、匪患和种种欺男霸女面前的悲惨状态，甚至中华人民共和国成立以来出现过的政治压迫、思想禁锢和社会运动之灾，是乡村浪漫主义者无法想象的，而这，就是大多数传统村落的民间日常生活。文人雅士，在欣赏田园风光和依依炊烟之时，能否探入茅舍，去看看灶台、铁锅和橱柜，去看看大量农夫、农妇的身影，他们是否仍然饥饿、寒冷？或者他们的孩子是在劳作还是就学？商业主义传统村落观呢，则直接把传统村落改造成伪古典主义的模板，打造成千篇一律的青砖瓦房，虚构出一系列英雄史诗和骑士传奇，或者才子佳人和神异仙境的故事，两者相嫁接，转化为商业价值或者政绩价值，成为行政或市场兜售的噱头，这一行为成为当下传统村落“保护”的常态。这两种传统村落观，一个共同的特点是把村落与民间日常生活相割裂，抹杀了民间日常生活在传统村落里的价值基础，从而，也直接把世世代代生活于这一场景中的村民赶出村落，嫌他们碍事，妨碍了我们的浪漫主义和商业主义梦想；他们不在场，我们可以肆意妄为地文化狂欢。那些在民间日常生活中久存的精神性的、思想性的、文化性的、艺术性的符号，均不在话下。但是，假如村民不在场，社群活力不再，传统村落如何是活态的呢？西方哲学有一个时髦术语，叫作“主体缺失”，因为主体缺失，因而话语狂欢。

关注传统村落的村民，无疑是中国传统村落保护的第一要素。但恰好是人这第一要素导致了传统村落的凋敝和乡愁的产生。

1990—2010 年这二十年，一些区域传统村落里村民流动性的增强，特别是青壮年村民向东部、东南部和南部沿海地区季节性的流动，极大地影响了这些区域传统村落民间日常生活的展开，减弱了传统村落的社群活力，也相应减少了传统文化活动的开展。这样，构成传统村落民间日常生活的内容慢慢演变成淡黄色、苍白色，成为一种模糊记忆，抑或转化为一年一度的春节狂欢，最后，演变定格成为日常性质的乡愁。民间日常生活不再完整地体现在现在乡村生活之中。那个完整的民间日常生活，在我们不得不离开它的土壤之后，便蜕变为乡愁。乡愁这只蝴蝶的卵，就是民间日常生活。而伴随着乡愁这只蝴蝶而出现的，却是一个个村落日常生活不断凋敝、慢慢消失。乡愁成为我们必须抓住的蝴蝶，否则，我们的家乡便消失在块垒和空气之中，我们千百年创造的文化便无所依凭。然而，据统计，在进入 21 世纪（2000 年）时，我国自然村总数为 363 万个；到了 2010 年，仅仅过去十年，自然村总数锐减为 271 万个。十年内减少约 90 万个。若是按照这个速度发展下去，三年、五年之后，我们的传统村落便无踪无影了。也就是说，出生和成长在这些村落而现在散居在世界各地的人们，将无以寄托他们的乡愁。若是其中有的村落有几百年、上千年甚至更久远的历史呢？若是其中有的村落有着华夏一个独特姓氏、家族、信仰和其他各种人文景观等等呢？

越来越多的学者开始从事传统乡村保护的研究工作，例如《人民日报》2016 年 10 月 27 日发表了《老宅、流转、新生》为题的介绍黄山市探索古民居保护新机制的文章，还配发了题为《古民居保护，避免“书生意气”》的评论；《中国文化报》2016 年 10 月 29 日发表了题为《同乡村主人一起读懂文化传承》的文章，提出了“新乡村主义”的概念，在它的题目之下，包含有乡村治理、乡村重建和乡村产业化的多功能孵化等内容。为此，文章提出了“政府制定政策方向、标准化编列预算，聘请专家团队和 NGO 组织，进行顶层设计、人才培育、产业孵化和公共服务”四项基本措施，还配发了《莫让古民居保护负重前行》的文章。《光明日报》2016 年 11 月 15 日发表了题为《福建土堡：怎样在发展中留住乡愁》的报道，记叙了专家考察朱熹故乡福建三明尤溪土堡的过程；记者报道了残存的土堡现状，记录下专家们的意见：政府与社会资本合作的“PPP 模式”，面对乡村人口日趋减少的不可逆现实，应该吸引城市中的人回到乡村，将土堡打造为“民宿”，在不破坏现有形制的前提下，实现功能更新。也有专家提出，就保护而言，首先应该考虑当地人，人的利益是优先的，只有做到长期发展而不是只顾短期利益，文化遗产保护事业才能够持续发展，等等。

上述建议，已经超越了简单的乡愁情怀，而诉诸国家土地法规、资金筹措模式、专家功能实现等层次。应该说，在越来越深入研究、讨论的基础上，对传统村落保护的思路越来越宽了，为政府制定传统村落保护法提供了良好的基础。在国家立法的基础上，国家、地方政府组织专家开展普查，确认传统村落的级别，分别实施不同层次的激活、保护、开发，才有坚实的基础。

我理解，通过专家学者的普查、认定，得出的结论一定会有利于政府形成健全完备的保护方案和具体操作措施。一方面，对仍然有社群活力的乡村，实施新农村建设规划，改善其经济机制，改建生活设施，改善村民的生活条件，把工作重点聚焦到提高农业产业框架基础、为居民提供更好的生活环境、增强村庄文化意识、保存农村聚落特征上来。另一方面，为有着特殊文化传承却逐渐凋敝，甚至失去社群活力的乡村，探索一套完善保护的工作模式，形成一种工作机制，并得到国家法规政策的支持和保障，包括土地规划、投资体制、严格的环境保护，建立严格的农民参与机制等，为保留故乡记忆、记住我们的乡愁，留下一系列艺术博物馆、乡村技艺馆，产生具有独特价值的“乡愁符号”。

作为“中国民间文化遗产抢救工程”的重要项目之一，《中国历史文化名城·名镇·名村丛书》正是通过众多专家学者和民间文艺工作者辛勤的田野调查工作，在中国民协推动的“中国传统村落立档调查工程”所积聚的海量信息基础上，多学科、多视角地反映当下古城古镇和传统村落现状，发掘传统文化的独有魅力，进而为保护和传承优秀传统文化积累鲜活的素材，汇拢丰富的经验并寻觅科学的路径。相信这套丛书的出版将对古城古镇和传统村落的保护发挥积极作用。

2017 年 3 月

（作者系中国民间文艺家协会分党组书记、驻会副主席）

芬芳“乡愁”彰中华（序二）

郑一民

站在21世纪桥头，审视中华五千年文明，由历代劳动人民创造并守护的数以万计的历史文化名村、名镇、名城，堪称中华民族可以在世界上引以为豪的珍贵国家财富。在经济全球化、现代化高速发展，城市化进程汹涌而来的今天，保护历史文化名村、名镇、名城，不仅是时代赋予当代国人的神圣历史使命与责任，也是中华民族屹立于世界之林、实现伟大复兴的必然选择。

一个古老的村镇或城市，犹如一位饱经沧桑、阅世甚深的老人，既有深厚的文化积淀，又承载着世代子孙魂牵梦萦的“乡愁”。在古村、古镇、古城之前冠以“名”字，其历史文化价值更是非同凡响。她们所承载的物质与非物质文化遗产，既是传递民族血脉和熏陶锤炼民族美德、优秀品格的重要精神食粮，也是构建社会主义核心价值观和具有中国特色美好家园的重要基石。在我国现代化建设快速发展中，科学记录和保护历史文化名村、名镇、名城的人文历史、自然风貌和各种原生态信息，是一件功在当代、利在千秋的伟大事业，对研究、传承、弘扬、创新中国传统文化和实现中华民族伟大复兴，具有深远的历史意义和重要的现实意义。

探究中华文明之河，始于涓涓，终于浩浩。历史文化名村、名镇、名城就是其中的“涓涓”，数以万计的“涓涓”才汇就中华文明的浩浩大河。作为“涓涓”，每一个名村、名镇、名城虽有体量大小之别，但都是一个自然的社会单元。她们是历代先人适应自然、利用自然、实现“天人合一”的见证，也是创造文明、积淀文明、传承文明的家园。其保存的年轮印痕、光阴故事、人生观、审美观、习俗信仰和生产、生活、居住方式等，犹如一部部五彩缤纷的百科全书，承载着民族的历史记忆和文化基因，闪烁着民族的智慧与品格，慰藉着我们的心田与灵魂，涵养着泱泱中华。从这个意义上讲，历史文化名村、名镇、名城是中华民族物质与非物质文化最大、最重要的载体，保护名村、名镇、名城就是保护中华优秀传统文化。

著名文化学者罗杨在论述古村镇保护时说：“人类文明的进化不能没有积累和继承，历史的车轮可以碾过如梭的岁月，但不应拆毁我们心灵回归故里之路。”遗憾的是，在经济社会快速发展中，对古村镇和古城的保护还没有引起世人的应有关注和重视，致使不少古村镇和城市古街区在既无完整文字记载又缺乏图片记录的情况下，便在时代洪流中消失了。针对这种现状，中国文联、中国民协在全国实施了“中国传统村落立档调查工程”。在此基础上，我们在中国民协和河北省委宣传部的大力支持下，于2016年10月在全国率先启动了《中国历史文化名城·名镇·名村丛书》河北卷的编纂出版工作。

《中国历史文化名城·名镇·名村丛书》是由中国民协承担并在全国组织实施的中国民间文化遗产抢救工程重点项目之一，也是继中国民间文学三套集成之后在全国开展的又一项具有重要影响的浩大基础文化建设项目。河北列入这项文化工程的历史文化名村有 190 个、名镇 18 个、名城 12 个。根据编纂方案要求，我们将对每个历史文化名村、名镇、名城单独立卷，力求以质朴、简明的文字，图文并茂的形式，从历史学、社会学、民俗学、建筑学、文化学等视角，客观、准确、简洁、鲜活地记述名村、名镇、名城的历史与现状，阐释每个名村、名镇、名城独有的文化内涵与价值，彰显河北历史文化名村、名镇、名城特有的魅力与精彩，惠及当代，传之后世。为了使读者检索、查阅、研究方便，本套丛书在编纂过程中将以“中国历史文化名村河北卷”“中国历史文化名镇河北卷”“中国历史文化名城河北卷”三个系列问世。

家园需要呵护，硕果需要众人浇筑。完成这

项浩大的文化工程，需要数以百计的作者和知识产权出版社编辑们几年的奋斗，无论是田野调查拍摄还是梳理编撰，皆充满艰辛与探索。但耕耘者向来是不怕困难的，硕果会因此更香甜，社会发展会因这些成果更精彩，共和国文化建设会因大家的奉献更加炫目！

俗话讲，金无足赤。由于编者知识水平有限，又无前人研究成果可借鉴，书中谬误之处难免，敬请各位方家和读者批评指正。

2016 年 10 月 30 日

（作者系河北省民间文艺家协会主席）

中国历史文化
名城·名镇·名村丛书

中国历史文化名村

河北南横口 | 目录

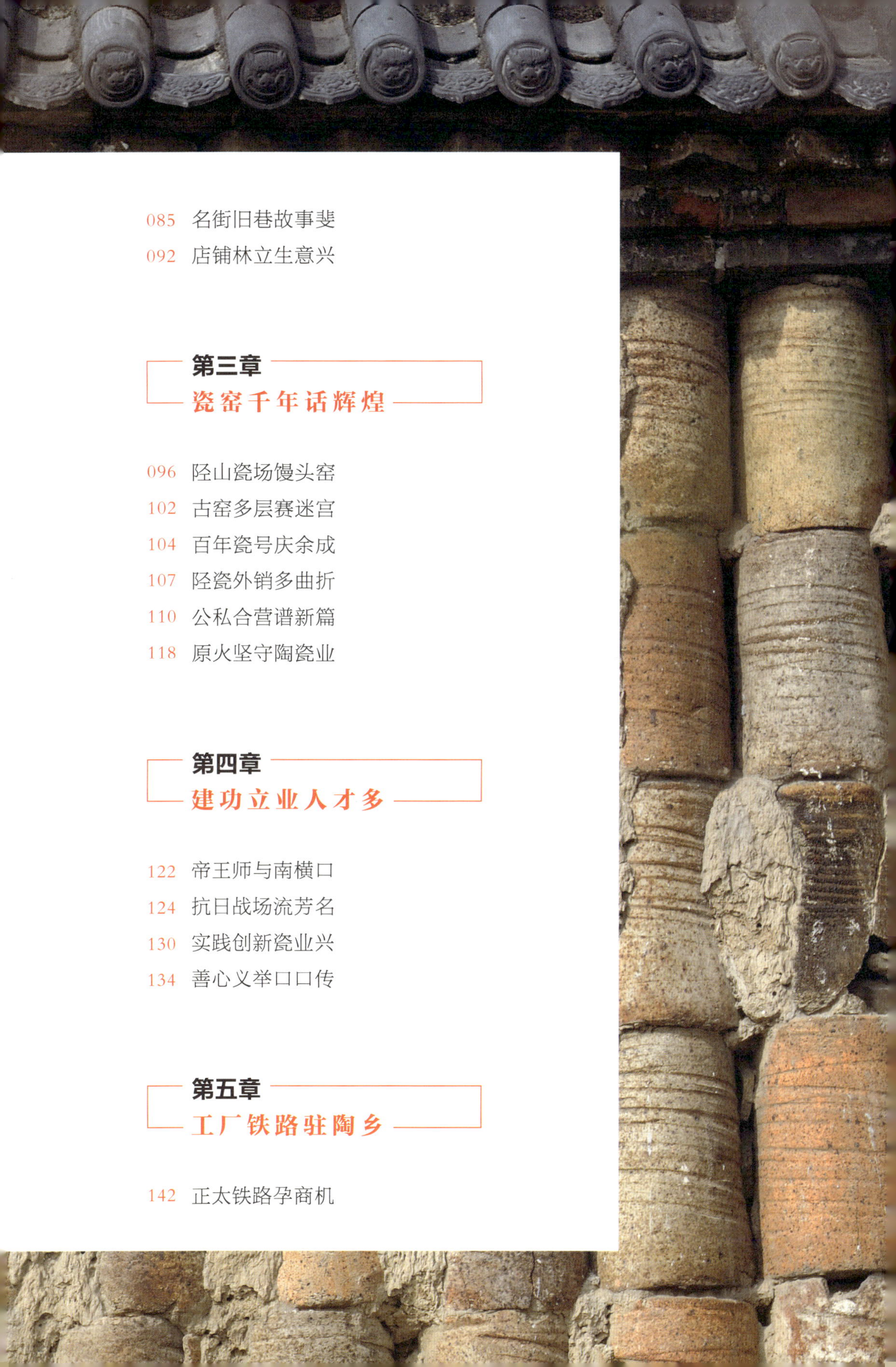

第三章
瓷窑千年话辉煌

第四章
建功立业人才多

第五章
工厂铁路驻陶乡

Famous Villages, Famous Towns, Famous Cities
of Chinese Historical and Cultural Series

The Chinese Famous Historical and Cultural Village

Nanhengkou Hebei | Contents

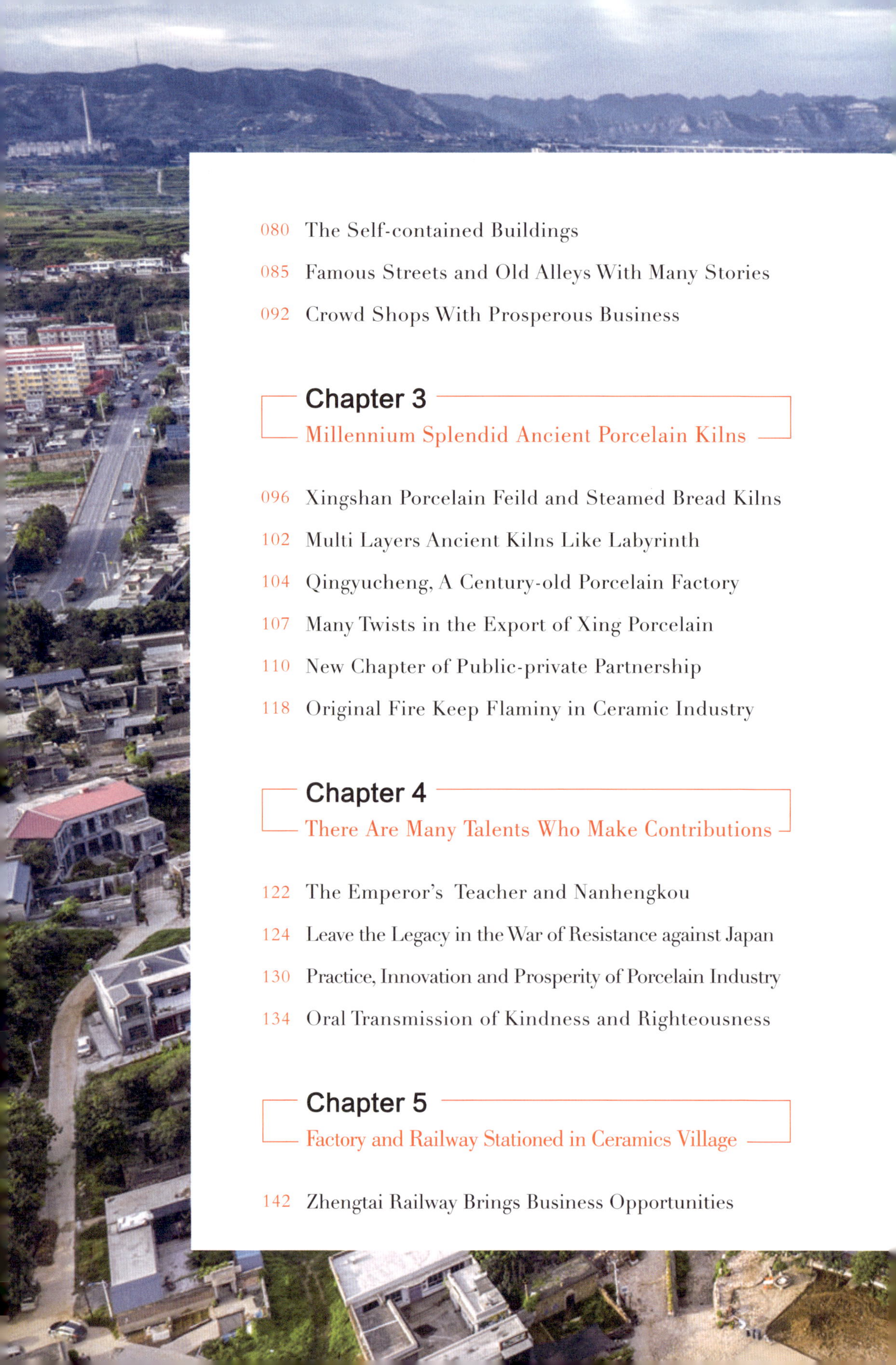

↑ 南横口之冬

引言

古道之缘，绵甘之畔。
南寨古地，制置西汉。
陉邑瓷乡，肇自隋唐。
古窑十四，耀耀吾乡。
老舍千重，明清风韵。
马家宅院，远近独尊。
问樵房主，副榜有名。
席珍义善，邑内传颂。
三代帝师，淳浦褒扬。
小居三日，墨宝四方。
孝弟忠恕，镌于斋堂。
一时之最，人共典藏。
绵右图献，凛然作霖。
躯捐抗日，衔职驰名。
瓷业精英，庆之余成。
公私合营，原火前身。
赞吾古村，瓷之为魂。
赞吾古村，居有特征。
赞吾古村，水之为灵。
赞吾古村，文脉雄冗。
生之当世，受之先人。
地灵人杰，世代传承。

耀吾古村，辉吾古村。

砺砺此志，璨然新生。

这是一篇对中国历史文化名村南横口高度概括的文辞，南横口有独具特色的民居古建，有保存完整的古窑遗址，有积淀丰厚的人文历史。瓷业商贾精进开拓，文人名士担当大义，士农工商和谐共进，义利交融，商儒共存。这也让生于斯、长于斯的南横口人，有了更进一步的文化自信和使命担当。

南横口村地处河北省井陉县城西南5千米处的秀林镇，西依井陉腹地棋盘岭，与南张村毗邻，东隔甘陶河与翟家庄村相望，北有绵河与北横口村一衣带水，南与北秀林村邻接。村落东西长1.5千米，南北宽1.5千米，石太铁路从村南经过，202省道穿村而行。甘陶河、绵河分别从村东、村北流过，并在村东北汇聚，“横口”二字正是河流纵横之意。又因位于绵河南岸，故村名为“南横口”。村落地势总体为西高东低，丘陵地貌。截至2021年底，南横口全村总面积为1400余亩，居民1300余人，多为马姓，故原村名为马家寨。村

↑ 南横口之夏

↑ 南横口之秋

↑ 河滩侧景

↑ 陶瓷水镇村口

↑ 南横口牌楼

↑ 中国传统村落南横口

落以平涉公路为界，东面为旧村，西面为新村。村民主要以制瓷为业，原有瓷窑近百座。南横口是井陉县现代陶瓷工业的发源地。远山近水，环境优美、交通便利。

据唐建兴善寺碑文记载，南横口西汉时就已建村，至今已有两千余年，在代代繁衍生活的过程中，创造了鲜明独特的农耕文化和陶瓷文化。南横口为全国重点文物保护单位——井陉窑遗址保护单位之一，现存较完整古瓷窑十余座。以马家大院为代表的明清古民居建筑数十处，大街小巷都彰显着陶瓷文化的气息，早商遗址、横口遗址、汉墓群、古树古庙以及汉代陶砖、陶罐、铜镜、钱币等都有保存或记载，别具风格的筮盔民居建筑，错落别致的临水古村全貌，既显古村历史文化，又具山水乡村景色。陶瓷业兴盛的同时带动了村落其他行业的兴起和发展，各行各业在不同历史时期都为南横口的发展作出了自己的贡献，也涌现出不少可歌可泣的奋斗创业的人物故事。布匹、日用杂货、饮食物品琳琅满目，坐贾行商遍布大街小巷。2016年南横口被住房城乡建设部等部门认定为“中国传统村落”，2016年被石家庄市政府认定为“市级美丽乡村”。

南横口依托交通、水源优势，以及陶瓷文化和古村落资源，2017年开始进行文旅开发，建成“陶瓷水镇”；2019年作为第四届河北省、第五届石家庄市旅游产业发展大会观摩点，被河北省文化旅游厅认定为“河北省乡村旅游重点村”。2021年再次掀起陶瓷水镇提档升级的高潮：新建占地27亩的陶瓷文化商业街一条，占地30亩的陶瓷文化中心一座；开通连接井石快速路与202省道的陶瓷路一条，省会石家庄可快速直达南横口，仅需40分钟。南横口村容村貌再提升，古老村庄，未来可期。

↓ 南横口全貌

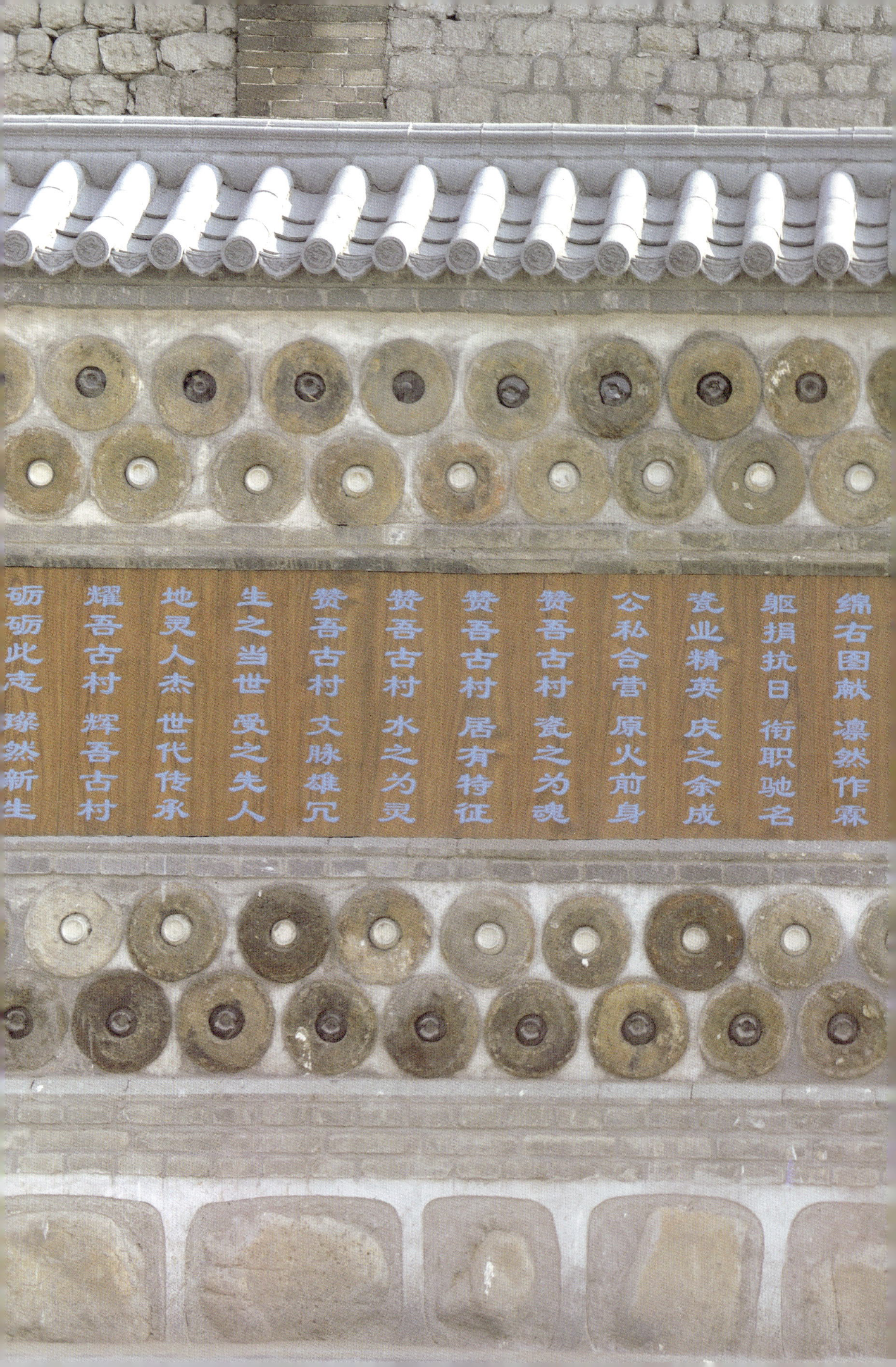

绵右圖獻 凜然作霖
躯捐抗日 衔职驰名
瓷业精英 庆之余成
公私合营 原火前身
赞吾古村 瓷之为魂
赞吾古村 居有特征
赞吾古村 水之为灵
赞吾古村 文脉雄冗
生之当世 受之先人
地灵人杰 世代传承
耀吾古村 辉吾古村
砺砺此志 璨然新生

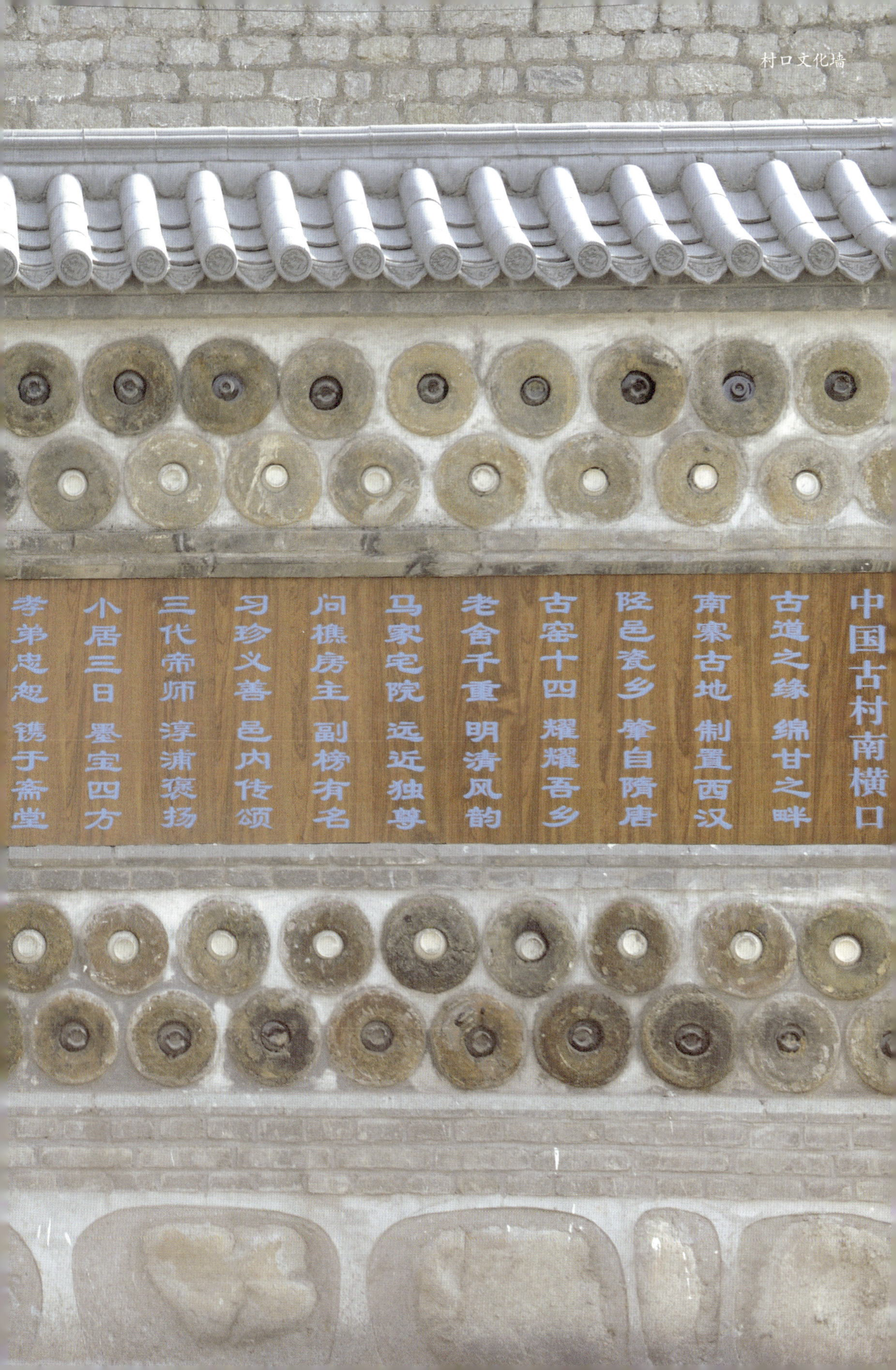
中国古村南横口
古道之缘 绵甘之畔
南寨古地 制置西汉
陉邑瓷乡 肇自隋唐
古窑十四 耀耀吾乡
老舍千重 明清风韵
马家宅院 远近独尊
问樵房主 副榜有名
习珍义善 邑内传颂
三代帝师 淳浦褒扬
小居三日 墨宝四方
孝弟忠恕 镌于斋堂
村口文化墙

南横口地处井陉中心地带，北有秦皇古驿道，南有石太铁路横贯东西，平涉公路穿村而过，东边的甘陶河、西北边的绵河像两条巨龙一样，将南横口环抱其中，优越的地理位置和自然环境使其制瓷业极具生命力。因陶瓷而起家，也曾因陶瓷而辉煌。“馒头窑筒筒墙，马家寨上细端详”，这里不愧为名副其实的陶瓷水镇。

↓ 鸟瞰水镇

第一章

陶瓷水镇南横口

左绵右甘马家寨

村落历史

南横口村地势相对较高，属丘陵地，村社错落，道路斗拱蛇行，仿佛山寨，村中居民多为马姓，故原村名为马家寨。据唐建兴善寺碑文记载，西汉时就已建村，因村庄坐落在绵河和甘陶河汇流处，两河互为纵横，故取名为横口。居住在绵河南岸的以方位称南横口，故现村名为南横口。唐兴善寺的碑文记载与南横口村现存的汉墓遗址相吻合，建村历史完全可追溯至两千多年前。

20世纪七八十年代，村民在西南丘陵上建房时，相继发现了战国、汉朝时期的古墓。丘陵东南一带多为战国墓，西北多为汉墓，

↓ 两河口

尤以东汉砖室墓为多，且汉墓多深埋地下。汉墓中出土的文物有铜匕首及陶瓷等物，村民曾见到出自墓中的战国夹砂平底罐、西汉三足弦纹灰陶尊以及东汉夹砂红陶罐、陶砚、陶蟾蜍、柿蒂纹铜镜等器物。从河北省文物复查队在1989年的考古调查中所发现的龙山、早商文化遗址（主要文物有磨光黑陶，鸡冠形板耳陶器等）推算，距今3600多年，南横口附近便有人类生活、活动的痕迹。

此外，南横口还有古槐树两棵，已逾千年，庙宇六处，石碑三通，古井四眼。这些遗产也都从不同角度反映了南

↑ 日照绵河

↑ 甘陶河

↑ 古槐

↑ 南横口火车站售票处旧址

↑ 南横口火车站售票处旧址

横口不平凡的历史。

村名变迁

南横口这一称谓的文字记载最早见于民国十六年（1927）土地买卖契，该契为国民政府财政部官契纸，由河北省财政厅颁发，这一官契纸目前保存完好。官契纸上明确写有“南横口村”的字样。除此以外，南横口村曾名“横口”“马家寨”“南寨”。

据清雍正年间《井陉县志》等资料记载，横口一度不分南北。历史上曾存的横张庄含横口村、袁家峪、马家峪、北张村、翟家庄、石圪墶，共六个村庄，可见横口村是当时南北横口的共称。概因分别位于绵河南北两岸，为了称呼上的方便，横口渐分南北。

南横口旧时也曾被称作“马家寨”，这一村名很少有官方记载，不过由南横口村保存完好的清同治三年（1864）土地买卖的官契纸上明确记载有“马家寨”的字样，可见当时或一定时期内，南横口确有过马家寨之称谓。

除了“马家寨”，南横口村也曾名

“南寨”。除了民间口传，一个有力的文献证据是清雍正年间《井陉县志》，该志井陉县地图上绵河与甘陶河交汇处的东侧标注有“南寨湾”字样，这可谓是南寨一词出现最早的官方记载，但它不是以村名而是以地名的方式出现。关于南寨这一叫法的由来，有两种说法，其一是南寨与横口的寨街分一南一北，中隔绵河而得名。但这只是口传，没有任何官方记载。其二是1904年正太铁路开始修建，于1907年通车，并在当时的横口绵河南岸设站，俗称“南横口站”，久而演变为“南站”。在井陉方言中，“南站”“南寨”两词读音相近，有可能流传久了就产生了误解。到底是“南站”还是“南寨”，无官方记载，至今仍有七八十岁的老人称南横口为“南寨”。

历史沿革

据唐兴善寺碑文记载，横口建村于西汉时期，这与南横口村现存的汉墓遗址年代相吻合，南北横口建村历史完全可追溯至两千多年前。又由民国十六年（1927）土地买卖契中出现的“南横口”字样，可知在此以前很长一段时间内，南北横口两村的历史是一脉相承的。

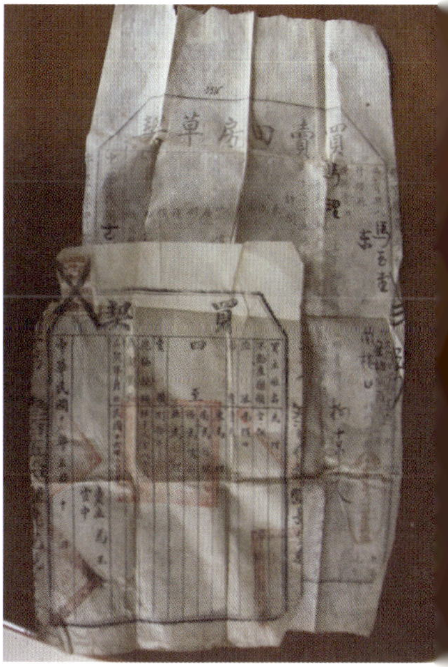
↑ 民国十六年（1927）土地买卖契，其中出现了“南横口”这一称谓

1931年，井陉县分为5区45个乡，南横口属第四区第五乡。1937年10月14日，日军占领井陉县，全县以正太铁路为界，分为路南抗日县政府和路北抗日县政府。铁路两侧

的十华里以内属日军占领区，由日伪县政府管辖。南横口村地处铁路边，同时接受路南抗日县政府和日伪县政府的管辖。后来改由路北抗日县政府管辖。因此，南横口村在当时或明或暗接受三个县政府管辖（含日伪县政府）。据村里老人回忆，当时村里向路南抗日县政府输送兵员、军饷，对日伪县政府只是敷衍。

1945年抗战结束，国民党占据县城，南横口村归秀林乡管辖。

1947年井陉解放后，先由路南政府管辖，后归路北政府管辖。1948年1月，井陉路南、路北政府合并，全县划9个区，南横口为晋察冀边区政府北岳区行政公署第四专区所辖。同年5月井陉为华北政府北岳区行政公署管辖，县政府搬迁于城关（天长镇）。

1953年4月，井陉县设6区95个乡，南横口归一区管辖。

1958年8月，人民公社成立，实行政社合一。井陉县设12个人民公社，村改成大队，南横口村属南张村公社。

直至1984年2月，公社机构改革，全县改为1镇41个乡，同年9月13日，张村公社改为建制乡，生产大队改为村民委员会，南横口村隶属张村乡。

1988年公社机构改革，并乡建镇，梅庄乡与张村乡合并为秀林镇，南横口村隶属于秀林镇，并延续至今。

地标名称

南横口地域范围内的地名很多，大部分与其他村庄一样，地名由地形及方位命名而来，个别地名与瓷窑有关，这也是南横口村的一大特点。

大西窑　因处于南横口的西端，且为周边最大的窑之一，故人称大西窑。原字号为西丰记，中华人民共和国成立后属县公产，现保存完好。

杨树岭　位于南横口西北部，为贯穿东西的丘岭，因古时多植杨树而得名。

瓦窑沟　沟口面对绵河，为南北走向，原是北横口人到达南张村的重要道路之一，因明代有人在此建窑烧瓦而得名。瓦窑沟内仍有古瓷窑一座，现该沟大部已被填埋，沟口位置即现天宁化工厂大门所处位置。

和畅沟　位于杨树岭南，为东西向沟壑，沟长而宽，自东向西由台地逐级升高，东西长300余米，沟中最宽处达百米。此沟壑内原有部分土地为北横口华严寺和尚耕种，相传此处也葬过僧人，因此而名为“和尚沟”，现改用其谐音“和畅沟”。现沟口多为民居，称和畅沟街。

红界（介）头　南横口西临绵河的土丘，为沟壑地域。该地有高数丈的断壁，褐红色土壤，且位于南横口与邻村交界处，取土之“红”，取村之“界”，地之尽“头”，得名“红界（介）头”。

↑ 南横口棋盘岭

棋盘岭　棋盘岭为南横口（含南张村部分土地）最具有代表性的地标名称。因这部分土地地块大，东西南北阡陌纵横，形如棋盘而得名。棋盘岭西连南张村，南至石太铁路，北至平涉公路北，东至南横口村（停车场），约有1

平方千米。含秀林派出所、秀林镇中学、秀林镇政府、秀林供电所、秀林地税局及平涉公路以东，公路南北几乎所有地块，包括大棋坡、小棋坡、南岭、北岭等地。

大棋坡 位于南横口棋盘岭西南部地域，因此地域内地块大、长而窄，大多呈微坡状，地界纵横交错，呈方格之局、棋盘之势，因此得名大棋坡。

小棋坡 位于南横口东南部，大棋坡之东，相对于大棋坡而言面积较小，故名小棋坡。

场垴 位于岭头之东，与平涉路相隔，因其地理位置高，东端原有场而取名场垴（垴为南横口人对高台地域的俗称，如场垴、垴子街等）。

高家岭 南岭东端部分，因此地域旧时为高氏家族耕地而得名。

↓ 葱郁大地

南沟 南横口村自东向西的第二道天然沟壑，处于和畅沟之南，北为场垴，南为高家岭。20世纪60年代前，只在沟口北侧有少量的几户人家，沟口南侧有古瓷窑两座，其余全为耕地。现在沟内全部为新民居，称南沟街。

燕沟 原名堰沟，位于高家岭东南，地块多为堰土而成，故取名堰沟。堰沟内土地原多为耕地，沟口北原有瓷窑两座（后改建民居），其他房屋多为新建。

八角堰 南横口堰沟南侧台岭地带（北秀林耕地）之南，有长而阔的沟壑，外部为北秀林耕地，最西部分为南横口耕地，该沟南横口人称南堰沟，沟西有南横口所属一块地，面积大、地块呈不规则八角，且属堰土地（低洼的地方筑坝围挡起来的田地，也叫堰子地），俗称八角堰。

八亩堰 现平涉公路南横口牌楼以北，公路以东地域，因有旧时堰地八亩而得名，东西原有民居数户（现在更多，但旧名弃用），故以“八亩堰”代替数户居民所在地域。

西河边 南横口人称甘陶河为南河（由南而至），绵河为西河（从西而来），绵河两岸民居较多，因其地理位置自然取名，西河边现指横口大桥以西，绵河南岸一带。

↑ 篆刻：南横口

古迹庙宇有遗存

龙山文化、早商文化遗址

龙山文化源自大汶口文化，为汉族先民创造的远古文明，其文化遗存以磨光黑陶为显著特征。考古学家把这些以黑陶为主要特征的文化遗存命名为“龙山文化”。而考古学上谈的早商时期大致在公元前1600年至公元前1400年，这一时期的早商文化主要体现在陶器的制作和使用上。

龙山文化、早商文化遗址于1989年由河北省文物复查队在南横口村西杨树岭丘陵上发现，面积约1.2万平方米。该遗址含有龙山和早商两种文化内涵。遗址中的磨光黑陶、鸡冠形板耳陶器、绳纹灰陶器及高柄陶豆等属龙山文化器物，面夹砂细绳纹红陶器、夹砂绳纹黑陶蛋形瓮等则具有明显的早商文化特征，该遗址距今3600—4000年。

“龙脉”之说

祖辈流传南横口坐落于龙脉之上。从地势上看，南横口整体布局为西高东低，地势起伏如龙一般，东北尽头的垴子街像是龙头，甘、绵相抱并汇聚为绵蔓河，恰如龙口吸水一般，南北沟壑密布，恰如龙爪，故有此传说。相传南横口村西有龙骨，人们一直不以为然。近年发现，村西确有“龙骨”状化石，具体品类、藏量不详。

关于南横口龙脉的另一传说是，南横口东北角，甘陶河与绵河的汇聚处（俗称二龙聚首）是龙脉的代表地。相传有阴阳大师为南横口马氏在此择地修坟，说后辈之中可出“圣人”，只因掘墓之人未按要求挖掘，坏了风水，导致后辈中只出了一个唱戏能“自来红”的戏中皇帝（自来红即唱戏不化妆，脸自红）。

在古代，龙与水在传说中是相辅相成的。南横口左边是绵河，右边是甘陶河，成“二龙戏珠”之势，这两条河为制瓷提供了丰富的水源，加之平涉古路穿村而过，交通十分便利。另外，制瓷所必需的瓷土、燃料在当地丰富易得，多个因素成就了南横口陶瓷业的兴盛，故有“龙脉”之传说。

横口遗址（桑园遗址）

位于井陉县城西南5千米绵河、甘陶河交汇处的横口东岸，这里曾采集到夹砂红陶片、素面细泥红陶片，以及灰褐陶片、磨光石斧碎片，时间上约为仰韶文化时期。另外此地还残存战国到汉代的砖片。据了解，1983年村民曾在这里找到战国时代的布币。

关帝庙

关帝庙位于南横口村东南，清代建筑。坐北朝南，主体建筑为拱券形无梁殿，单檐布瓦硬山式砖石木结构，面阔三间，进深一间，建筑高4.5米，南北长8.5米，东西宽4米，面积34平方米。前出廊，廊前立四根明柱承托檐檩，有月台并设三步垂带踏跺与之相连。

↑ 关帝庙

↑ 关帝庙内神像

↑ 关帝庙内楼阁

↑ 老母庙

传说此庙原本供奉岳飞，因其抗金功高、精忠报国被村民奉为神。后金人侵入，村民改为供奉关羽。现神台上关帝圣像英姿魁梧，忠义之气溢于其表。左有周仓持刀，右有关平托印，二将不怒而威，凛然屹立，墙壁画有“千里走单骑”“三顾茅庐”“单刀赴会”“桃园结义”等故事画面，壁画人物栩栩如生。关帝庙因初建时间久远，今已经多次修葺。关帝作为忠义表率，是历史上忠义志士所崇拜的偶像，也被称作武财神，自古香火旺盛。

老母庙

老母庙始于唐、盛于明清，已有1300余年历史，因供奉于村内甘陶河边的一座三孔石阁之上，当地人称为“三眼阁”。原三眼阁用大型红、黄、青卵石干礤而成，老母庙面阔三间，石条立柱，惜1963年毁于洪水。众信善者曾一度原地叩拜老母，后于拐角楼供奉。2016年古村修葺，村民原地建老母庙、戏楼，又择地重建新广场，2017年建成竣工。

如今的老母庙坐落在新三眼阁上，石雕围栏，画梁斗拱，明柱飞檐，四周回廊。三眼阁由石料水泥铸成，坚实抗洪。庙内正中供奉的是普陀山观音菩萨，左边供奉五台山文殊菩萨，右边供奉峨眉山普贤菩萨。殿的东北角供奉老张爷，老张爷左手拿功德簿，右手持笔为善人记功德。为防老张爷说人间的坏话，善男信女常用鸡蛋把他的嘴堵上。

↑ 老母庙功德碑

每逢农历二月十九日、六月十九日庙会，香客络绎不绝，敲锣打鼓，彩旗飘飘，十分热闹，祈求风调雨顺，百姓幸福安康。

河边石径斜通广场，广场北有石雕牌楼和大型浮雕影壁墙，南有戏楼与之相对，石雕花栏围绕广场，并重修五道爷庙、八仙洞。名胜景观，毗连贯穿，成一道观光风景线。

三王庙

三王庙指的是龙王庙、马王庙和牛王庙。原建于三眼阁老母庙东侧，为一排瓦房，分三间供奉，传统木质门窗。1963年随同三眼阁老母庙、戏楼被洪水冲走后，至2016年开始复建，2017年建成。

旧时每逢天旱，村民都会到龙王庙烧香上供，祈求龙王广施甘露，行云降雨。

↑ 老母庙功德碑背面

↑ 三王庙

马王乃道教神明，全称“水草马明王”，也称“灵官马元帅”，相传马王爷是殷纣王之子殷郊，生三只眼，又称“三眼灵光”。

牛王的来历，民间有不同的说法，但多半是与农耕相关。过去，牛、马、驴、骡是农家的主要生产工具，有“半个光景”之称。村民祈求六畜兴旺，逢年过节都会来马王庙、牛王庙烧香上供。

文昌爷庙

位于三眼阁老母庙北，其内供奉文昌帝君。文昌君化身颇多，先后有张仲、张良、吕光、孟昶、张亚子，其为人天性刚烈、明察秋毫、禀性仁厚、爱民如子，深受历代学者的广泛尊崇。传说文昌帝君是星宿文昌星神格化而来，文昌星是由上将、次将、贵相、司命、司中、司禄六星组成。文昌星是“主大贵之吉星”。文昌神属天神，主管人间文运、功名、禄位。因此文昌庙是历代学子考取功名之前所必求、必拜的庙宇。

南横口自古就有尊师重教之风，村中自然设有文昌爷庙。但南横口文昌爷庙始建于何时已无证可考，据老人们回忆，过去的文昌爷庙坐西向东，两间瓦房，多宝格门窗。正中庙台上供奉文昌爷，左右为天聋、地哑两个侍童。相传文昌帝君主司文运考试、功名禄位，关系富贵贫贱，为了保密，故将文昌帝君身边的侍童命名为天聋、地哑。

1963年甘陶河洪水将三眼阁老母庙及文昌爷庙等所有庙宇、戏楼冲走。2017年文昌爷庙在原址重建，但形制已与古时大相径庭，改为石质平房，间口（房屋面宽）变窄，已失去了过去的风格与气派。

五道爷庙

位于“庙坡场”的最东端，甘陶河的西崖岸之上，是南横口人在死亡之后向阴间报到的地方。1963年，庙坡场的大部分庙宇被洪水冲毁，只有该庙宇留存下来，但已成危建。2017年照原样重修，庙内为拱券型砖混结构，瓦脊飞檐，门带两窗。五道爷庙供奉的是“五道将军”，又称“五道圣君、五阎王”。相传，五道爷是人从阳间转入阴间的第一道门槛。五道爷在收到来自死者的报告

↓ 五道爷庙

↑ 五道爷庙内景

后，再转报（押）给自己的上司——城隍爷。传说中，如果死者的子女没有烧纸向五道爷打招呼，鬼魂就只能在五道爷面前永远跪着不敢起身，成为孤魂野鬼，不能转世投胎。

古戏楼

↑ 古戏楼

位于三眼阁东南，坐南朝北，与三眼阁紧邻，面对古三王庙。古戏楼东西长10余米，瓦脊飞檐，前设石柱四根，中两根间距较大，有7米余，两侧侧廊宽约1.5米，分别为文场、武场，戏台东西向设木隔扇，将前台与后台相隔，木隔扇分四块，每块均刻有浮雕图案，有荷塘花叶、山水云鸟、人物剧情等。戏台高约1.2米，前沿全用石条砌成，戏楼整体建筑宽敞明亮，飞檐斗拱，十分气派，方圆几里内可谓一流。

南横口古戏楼是1963年前村民文化活动的主要场所，重大节日、庙会均会有晋剧、河北梆子、丝弦等节目。1963年甘陶河洪水将南横口的古戏楼连同三眼阁老母庙、三王庙等全部冲走，自此南横口文化活动改于泰裕恒酒坊（旧小学）、马家大院（南院）过厅、场垴新建学校举办，直至2017年在北广场建成仿古新戏楼，南横口村民文化娱乐活动才有了固定的场所。新戏楼相对古戏楼更大、更宽敞、更气派，在附近少有。

老君爷庙（神龛）

老君爷庙也称火神爷庙，其内供奉火神、窑神、老君爷，这一信仰也算是南横口村烧制陶瓷的一个标志。这种庙（神龛）在每座窑上都有（据说煤窑上也供奉这些神像），窑主借此祈求神灵保佑烧制平安、产品成品率高。除农历二月十五老君生日外，每次烧窑点火，窑主都会组织主要家庭成员、工作人员在老君爷庙前举行隆重壮观的祭祀活动。

老君爷神龛各窑口都有设置。设置方位、大小不尽相同。目前南横口老君爷神龛保存最完整的应属3号窑，已有200余年历史，其神龛较大，拱券形，后面、左右及顶部全用白灰做底，虽神像大都不复存在，但彩绘祥云老君爷炼丹图仍依稀可见。该老君爷庙庙前对联为：春暖青牛卧，花开碧水流。

八仙洞

位于南横口垴东街，现1号窑顶右侧，庙坐西向东，原为一砖券形窑洞，后在外部加盖一平房，内供奉下八仙（八仙分为上、中、下三级八仙），具体名称不详。自古南横口庙会活动主要为关帝庙、老母庙、八仙洞的庙会活动，这些活动最为隆重，届时都

↑ 八仙洞

会提前一天进行，当天还要由信奉者组成浩大的“转街”队伍，旗罗伞轿，鼓乐声声，庙内唱咏颂声更是此起彼伏。

石佛岩庙

位于甘陶河、绵河交汇处之东的半山腰上，整体建筑坐东向西，站于庙场既可见甘、绵水来，又可观冶河去向，南横口、北横口、北张村、石圪垯各村景象一览无余。中华人民共和国成立以前，该庙为南横口、北横口、翟家庄三村共管，庙主轮当。每年农历三月十八为庙会日，庙会期间由当值村庄筹集唱戏及其他各种庙会活动所用经费。平时遇庙宇破损、修缮也由当值村庄筹集经费。石佛岩庙内主奉三皇姑，又奉药王神、送子娘娘等。相传三皇姑出家时，首先落驾于北张村，因为落驾之地距村庄太近，鸡鸣犬吠不得安宁，只住一夜，便移驾石佛岩上，居住十日后，仍有鸡犬声扰，便又移驾于柏山岩，居住一百天时，旧烦不减，继续南行至千佛岩，此处虽然安静了许多，烦心陡减，但还是感觉心不称、意不如，既又南行移驾于苍岩山上，此处山峰突兀，壁如刀削，翠柏松檀遍布山涧崖壁，更有涧水潺潺，甘洌山泉，鸟语花香，胜地俨然，便长住于此，修成正果，至今香火不断。

↑ 石佛岩

筒筒墙和罐罐房

↑ 金黄的笼盔

走进南横口，满眼都是黄色圆形或柱形的物体砌的墙和房子，人们好奇：这个小山村为什么竟有这么多的“罐罐房”“筒筒墙”？这些“罐罐”“筒筒”究竟是干什么用的？当地人说这是“笼盔”，那么它究竟是何物，为什么家家户户垒墙盖房都离不开“笼盔”，它的背后又蕴藏了什么秘密？

南横口自宋金时期便开始烧制陶

↓ 红石墙和罐罐墙

↑ 光影小镇

瓷，拥有悠久的制瓷历史。现存完好的古民居建筑，多以淘汰下来的笼盔为建筑材料。“笼盔”简称“笼”，专业用词，学名“匣钵”，是古代及近代烧制瓷器必不可少的一种窑具。笼盔是高30—60厘米，直径为20—40厘米的圆柱体窑具。古代及近代烧制瓷器产品，使用的燃料皆为柴和煤。这些燃料燃烧时都会产生大量的粉尘物质，即柴灰和煤灰。而烧制的瓷器产品一般都会在坯胎上外施以不同原料制成的色釉，以色釉对瓷器的坯胎进行装饰点缀，或文字，或山水，或人物，然而这些釉料在高温下

↓ 笼盔花盆

（800℃—1000℃）具有很高的黏度和流动性，若不采取一定的措施，燃料产生的粉尘就会附着于釉料之上，且难以清理干净。这样将直接造成陶瓷产品表面粗糙、有麻斑，不仅不光滑还直接影响釉色的装饰效果。基于这种情况，先人发明了笼盔这种窑具。其作用是将装饰好的陶瓷坯胎罩在这种窑具的内部，将柴灰煤灰隔离在外。这样笼盔内陶瓷坯胎间接接受窑内炉火温度而不受窑墙内柴灰煤灰的侵扰和破坏。

↑ 笼盔种花，变废为宝

笼盔的形制不同，有圆锥台形的，有筒形的；有一器一钵的，

↓ 满墙的陶瓷元素

↑ 光影小镇

↑ 笼盔里种小花

↑ 陶乡

也有多器一钵的。一般情况下钵形为一器一钵，即一个笼盔内装一件瓷器。筒形的多为多器一钵，即一个笼盔内装多件器物坯子，成摞的瓷器坯胎摆在一起烧制，如碗盘等。为了防止高温下釉料将这些瓷器粘连在一起，人们会在装窑前将上满釉的坯子底部和足部的釉料剔去，或在两个坯子的接触部位撒一些耐高温的瓷质沙粒，或放几个专用的锥形陶制支钉。古代和近代留下的古老瓷器，底部往往会有涩圈或足部不光滑，有颗粒状的疤痕、疤点，皆因这种工艺造成。

根据烧制器物的大小不同，笼盔的大小粗细也不同。大型和特大型器物的笼盔是分节的，装窑是自下而上一节一节套在坯子外。出窑时自上而下，一件件取下，逐渐露出瓷器的真容。有时我们看到的笼盔，无底无顶，只是一个圆形或椭圆形的筒，其中的奥妙正在于此。

还有一种笼盔很特殊，虽然形制、大小与普通笼盔差不多，但其表面一侧有厚厚的一层疤痕，足有二三厘米厚，这种笼盔南横口人称“疙疤笼”。这种笼盔并没有什么特别用途，是人为造成的。古瓷窑腔内部，窑床前靠近窑门处有一横向巨形深坑，深一米有余，内设炉条用于支撑燃煤和炉灰。这种坑，人们俗称为火池或火膛。烧制瓷器时靠近火膛的一排笼盔，特别是最靠下的二、三层，最容易受到燃烧火焰的影响。温度骤升骤降很不稳定，会导致笼盔开裂破损、瓷器成品率下降，笼盔起不到应有的作用。为了避免这种情况发生，人们便把靠近火膛的一排笼盔进行特殊处理：表面抹上一层厚厚的黄泥，以减少这种情况的发生。经过几天的烧制，高温下的这层黄泥就与笼盔结结实实地熔为一体，成为所谓的“疙疤笼”了。

总之，笼盔的多种多样是古代劳动人民烧制瓷器时追求完美

↓ 陶瓷小广场

和经济利益而探索进取的一种象征，也是古代人烧制瓷器智慧的结晶。如今科学的发展，电与天然气代替了原始的烧制燃料，既无灰尘又绿色环保。笼盔这种窑具，自然也就退出了烧制瓷器的历史舞台。

笼盔这种特殊窑具，在循环使用后，因开裂破损被淘汰下来，村民变废为宝，使之成为一种房屋建筑的材料，同时将其与废炉渣、石灰混合后作房顶，坚固方正，冬暖夏凉，防风防雨。笼盔砌墙也成为南横口古民居最显著的特点。笼盔砌墙有多种用法，竖用：一节顶着一节，如同竹竿一般，一排排构成整个墙体；卧用：小口环一头朝外，小口内再堵一破损残次陶瓷碗，碗底朝外，内填

↓ 那墙那石头

土压实，这样每一个笼盔面向外一头都形如古钱币式的环环相连，很像黄金色的古钱币贴在墙上一样，很是美观，这样建造出来的墙，人称“黄金匣钵墙”。

南横口有“临街房子外好看”的俗语。南横口人习惯用废弃的笼盔砌墙，但对于临街的房子，往往需要多费一些心思，大致分为三种类型：第一，家庭条件好的在笼盔墙外再砌一层立砖，既美观又显示富有；第二，条件稍次的用白灰泥将笼盔墙表面抹平；第三，条件最差的直接用泥将笼盔勾缝，不跑风漏气。同时，这些笼盔也成为人们房前屋后栽种花草、果蔬的一种器皿，是南横口作为陶瓷水镇独具特色的景观和代表符号。

↓ 堌子街笼盔墙

南横口村老居民区位于绵河南岸和甘陶河西岸一带，大多建于明清以来，古风古貌至今完整保存，现余上百个院落，千间房屋。院落依地形而建，高低不平，错落有致，风格各异，砖雕石雕，各有特色，每个院落生活设施齐全，极具地方特色，内涵丰富，布局合理，实用美观，为典型的明清风格。陶瓷元素在建筑中尤为显眼，用古代烧制瓷器淘汰下来的笼盔这一窑具作为建筑材料，把民居装扮得古朴典雅、落落大方。

↓ 马家大院

第二章
满村尽带黄金甲

拔萃黉门马家院

南横口村旧街道两侧保存有清代民居宅院数座，其中最具代表性的是清道光至同治年间南横口士绅马席珍、马贡珍兄弟之宅院，俗称“马家大院”。其建筑布局十分规整，大小院落珠联璧合，又自成一体，是井陉目前尚存大宅院的典型代表。

马家大院北院

位于南横口村东石牌坊东50米南侧，坐北朝南，东西宽15.4米，南北长39米，面积600平方米。西、南、北临街、巷，东临大

↓ 马家大院

院书院。

该院为二进四合院落，南北中轴线上依次建有上房、过厅、倒座，东西两侧建有厢房。整体建筑布局合理，结构考究。

后院上房为高台式建筑，台中设一路三阶垂带踏跺，面阔三间、进深一间，前带廊，五架梁，砖石木结构，硬山布瓦五脊六兽花脊顶，檐下廊柱装石质柱础。正间宽门框，穿带门，两侧方形窗，万字形窗棂。两侧建有耳房，面阔、进深各一间，布瓦卷棚脊，脊顶低于上房正脊。

东西厢房建筑对称，高台式，中设一路二阶如意踏跺，面阔三间、进深一间，宽门框，穿带门，方形窗。灯笼架窗棂，五架梁，硬山布瓦卷棚边花脊顶，前后带兽。该院建筑留有上下明堂，东侧下明堂向东留有小门，通往东书院。西侧下明堂西墙上建有“圭”形墙体，正中镶嵌砖刻“吉星高照”。

过厅为高台式建筑，中设一路三阶垂带踏跺，面阔三间，进深一间，前带廊，五架梁，砖石木结构，硬山布瓦五

↑ 青瓦绿树

↑ 俯瞰马家大院北院

↑ 马家大院北院门口

↑ 马家大院北院后书院甬路

↑ 马家大院北院书院外景

↑ 马家大院北院内景

脊六兽花脊顶。檐下廊柱爬梁头施蚂蚱头，蓝色彩绘。门、槛窗已改为现代样式。过厅通往后院原在正间留有后门，并在后门处建有垂花门（现后门封堵、垂花门不存）。过厅两侧建有耳房，面阔、进深各一间，砖石木结构，硬山布瓦卷棚边花脊顶。东侧耳房当耳房使用，西侧耳房当过道使用。耳房脊低于过厅正脊。

前院，东西厢房建筑对称，高台式建筑，面阔二间，进深一间，门偏南，门前设二阶如意踏跺，砖石木结构，五架梁，硬山布瓦卷棚边花脊顶，边脊前后带兽（原门、槛窗已改为现代样式）。

南房（临街、倒座），面阔五间，进深一间，东大门口占一间，西储物占一间，中间三间，五架梁，砖石木结构，硬山布瓦五脊六兽花脊顶。大门口设一路三级垂带踏跺，宽门框，穿带门，置石鼓门墩一对。

该院落布局合理，建筑规整，从整体结构看，应为清中晚期至民国时期建筑。二进四合院落。

马家大院南院

位于南横口村东槐树巷东侧。坐西向东，东西向中轴线南北厢房布局，三进院落。南院建成早于北院，建筑讲究，设前后院和车轿停放院，后院为家眷居住之地，前院为商谈业务、招待宾客之所。前院主房，也称为过厅，除通向后院的功能外，其两边屏窗房屋内同样具有宾客接待、事务洽谈的功能，只是因事务缓急、人物身份不同而在不同的地方会见。

↑ 马家大院南北两院门口

↓ 马家大院南院

马家大院北院神龛

南院二门影壁

北院二进院

北院大门内

北院大门内

大院二门门头

建筑精美

马家大院临街店铺

马家大院南院院景

后院上房，南北长19米，东西宽5米，高台式建筑，中设一路五级垂带踏跺。面阔七间，进深一间，前带廊，砖石木结构，五架梁，硬山布瓦五脊六兽花脊顶。檐下中间三间廊道两侧砖砌墀头，廊内设拱形门用于通行。原门、窗已全部换成现代样式。南北两进间外接至廊檐。

南北厢房建筑对称，高台式建筑，中设一路三级如意踏跺。面阔三间，进深一间，前带廊，原五架梁，硬山布瓦顶，现改平顶，前檐、两侧改为单坡瓦面。门、槛窗全部改为现代样式。后院北侧下明堂向北留有门，为后期所开。

过厅南北长19米，东西宽5米，高台式建筑。原建筑面阔七间，进深一间，前带廊，砖石木结构，硬山布瓦五脊六兽顶，后改

↓ 马家大院南院内景

间数未变，砖石砌筑，平顶。两山墙，仿木构砖雕檐单坡瓦面。原廊柱柱础尚存，柱础青石质地，底座方形，边长0.50厘米，高0.19厘米，柱础圆形，直径0.46厘米，高0.15厘米，浮雕覆莲。通高0.34厘米。

↑ 马家大院南院

↑ 马家大院南院垂花门

东西厢房建筑基本对称，高台式建筑，中设一路二级如意踏跺，东部稍向南北外撇，南厢房偏东南，面阔三间，进深一间，砖石木结构，五架梁，硬山布瓦五脊六兽顶，南厢房屋面重新翻瓦。两厢房门、槛窗全部换成现代样式。

垂花门后带栅，北与北厢房相连，南与南厢房隔断，垂花门面阔、进深各一间，四架梁，双立柱，雕刻勾云柁墩，罗锅椽，悬山布瓦卷棚边花脊顶。檐柱间装屏门，两侧栅与垂花门相连，面阔、进深各一间，悬山布瓦卷棚边花脊顶。栅墙东面两墙体青砖砌筑，中部框中砖刻龟背纹，上仿木构砖雕檐。门口梁头饰蚂蚱头，抱门框，穿带门，石门墩，两门墩正面边饰勾云，中有马席珍所撰书咏狮之楹联一副："钩爪锯牙，铜头铁额，献自康居疏勒，出自乌弋条支；圆目仰鼻，吐舌奋髯，信是金精之刚，不愧毛群之特。落款为："庚午初秋问樵主人。"

东房面阔六间，进深一间。中部用墀头隔开，北大三间，南

垂花门楼

福
欢庆春

小三间，砖石木结构，五架梁，硬山布瓦屋面，门窗已改为现代样式。

大门位于东房北侧，面阔、进深各一间，砖石木结构，五架梁，硬山布瓦五脊六兽顶。大门双门簪、六抹抱门框、穿带门，石鼓门墩（门墩上石狮已毁坏）。门前设一路垂带踏跺，两侧置上下马石。

照壁位于大门对面，向南延伸，建筑形式较宽大，底部砖砌须弥座，中部框内砖雕龟背纹，上部砖雕立枋、卧枋，梁头饰蚂蚱头，最上部仿木构砖檐。

在大门口与照壁之间向北，还建有大门（此门俗称临街门），面阔、进深各一间，抱门框，穿带门，石门墩。此门与北院大门相对。

↑ 孝弟忠恕匾

马家书院

北院后院东南开有侧门，对甘陶河及远山。出侧门为马家书院，正房三间，为青石砌建窑洞式硬山布瓦顶，青石纹理清晰，石刻纹理上下相对连成一线，意取朝天“一炷香”之意。门窗皆为拱券式。门额上嵌有石匾额一块，上镌“孝弟忠恕”四字，为三代帝王师祁寯藻所书。石匾长110厘米，高35厘米。上款为“祁寯藻夏”，下款为“同治五年谨书”，保存完好。

风格各异古宅院

马清华故居

↑ 马清华故居大门

为清代建四合院，位于村东垴子街，占地面积195平方米，坐北朝南。该院是一座典型的四合院，由上房、东西配房、南房、大门组成。

上房为高台式建筑，中设一路五级垂带踏跺，面阔五间，进深一间，前带廊，砖石木结构，平顶，前出单坡檐。两稍间外接至檐下。原门窗已不存，均改为现代门窗。

东西配房建筑对称，面阔三间，进深一间，

↓ 马清华故居外墙

↑ 大门马头砖雕

↑ 大门外上下马石

↑ 大门外拴马石

砖石木结构，平顶，前出单坡檐，东配房明间，南次间，西配房明间仍保留原宽门框，其余都改为现代门窗。在东侧上明堂有十四级台阶可上房顶。

南房面阔四间，进深一间，砖石木结构，平顶，前出单坡檐。原门窗已不存，均改为现代门窗。

大门位于南房东侧，面阔、进深各一间，砖石木结构，五架梁，硬山布瓦卷棚边花脊顶。门口置五步台阶，抱门框，穿带门，石门墩。门口两侧砖墙框中砌砖雕龟背纹。两墀头上盘头砖雕八仙及菊花图案。照壁砌筑在街巷对面的墙体之上，上出檐，下砖框，框中砌砖雕龟背纹。另在大门西侧置上下马石一块，南房后墙台明石间夹砌凸形带孔拴马石。该院整体建筑规整，正面墙体砌筑磨砖对缝，做工精细，保存完整，是不可多得的清中期四合院建筑。

马清源故居

建于明朝，距今四百余年。位于村东坳子街东部，坐北朝南，由上房、东西厢房、南房、大门、马道及前后门组成。

上房为高台式建筑，中设一路五级垂带踏跺，上房筑横窑一眼，面阔三间，进深一间，前墙门窗部位砖砌拱券，其余整行块石砌筑。东窑洞一眼，面阔、进深各一间（在此间向东留有小门，通向另建小阁楼），与西三间相连，砖砌拱券。平顶前出仿木构单坡檐，檐上建布瓦青砖花墙。门窗均已改为现代样式。

东西厢房建筑对称，东厢房稍高于西厢房，面阔三间，进深一间，砖石木结构，平顶，前出仿木构砖雕单坡檐，檐上砌筑布瓦青砖花墙。门窗均已改为现代样式。

↑ 马清源故居上房

↓ 马清源故居院内

马清源故居一道门

马清源故居二道门

马清源故居影壁及砖雕

三门马头以瓷器为特色砖雕

马清源故居三道门

三门内影壁

龟纹门墩石

影壁砖雕

影壁砖雕

南房面阔四间，进深一间，砖石木结构，平顶，前出仿木构砖雕单坡檐，檐下砖雕立卧枋间，雕一斗三升蚂蚱头拱四朵，象鼻子拱一朵，及其他荷花、云勾雕饰。门窗均已改为现代样式。

大门位于南房东侧，面阔、进深各一间，平顶，前后出单坡檐，宽门框，穿带门，石门墩，两墀头上盘头雕刻仿古瓷器。照壁位于大门对面马清华民居上房后墙东部，砖砌框中刻龟背纹，上枋两边刻蚂蚱头，中部刻荷叶卷鱼图案，再上为仿木构砖雕檐瓦。

马道影壁位于大门口东侧，下部为砖雕须弥座，束腰周边雕刻绳纹，方形框中砖雕龟背纹，周边雕刻竹节纹，四角雕刻菊花，框上雕刻罗幔，罗幔两侧框外雕六节花开垂柱，上枋间刻蚂蚱头，再上刻仿木构砖檐，檐上单坡瓦，瓦上砌花墙。

↓ 马道砖雕

马道后门位于大门口东侧，南北向，青砖砌筑，下部两侧石质引峰、勾石，圆形拱券，拱券上砌城墙垛。马道长13.6米，宽1.7米，青砖漫地。西为马清华东厢房后墙和上房东山墙，东部为马清华阁楼（俗称马道楼，曾作为县粮道办住所）。马道前门，青砖砌筑拱券，面阔、进深各一间，正面门楣框中雕刻葡萄藤蔓纹饰，门前设台阶三级。前后马道门皆不存。

该院整体建筑规整，布局合理，做工精细，为清早期北方典型的四合院建筑。

↑ 马道

马济霖故居

位于村东垴子街东南，建于民国。面积约300平方米，由上房、南北厢房、东房、大门（朝北）、东房后小房、大门东北小房组成。

上房为高台式建筑，中设一路三级垂带踏跺，面阔五间，进深一间，平顶，前出仿木构砖拔檐，前墙白灰条小青砖丁顺平铺砌筑，门窗拱券脸砖凸出，底部呈火炬形，门窗上部圆形呈放射网格状，门框外置四抹抱门框，窗为方形方格窗。

南北厢房建筑对称，面阔三间，进深一间，前墙、两山墙做工精细，白灰条磨砖对缝。平顶，前出仿木构砖拔檐，上扣瓦，瓦上砌青砖花脊，南房

↑ 马济霖故居大门

↑ 大门内影壁

檐上花墙脊不存。门窗皆已不存。

东房面阔三间，进深一间，平顶，前出仿木构砖檐，上扣瓦，瓦上砌布瓦青砖花脊，前墙砌筑方式同南北厢房，门窗不存。东房正间后墙留穿堂门，门外隔院南北向建三角形小房一间，平顶，单砖檐。大门口里向东，过小圆形砖券门东北建东西向小房，面阔三间，进深一间，平顶，四层砖拔檐。该小房与三角形小房门窗均已不存，其墙用红砖，砌筑方式与南北厢房相同。

大门面阔三间，进深一间，宽门框，穿带门，石门墩，两墀头下砌引峰、勾石，上盘头雕刻菊花、瑞兽。该门楼较高大，前挂牌匾（灰泥抹面），后有棚，砖石木结构，硬山布瓦五脊六兽顶。大门两侧明堂间砌筑花墙。

正房后墙西北角外墙呈抹角型，为通行方便，力避“直冲之嫌”，显示了主人与人为善、睦邻友好的情怀。

马清彦故居

位于村东垴南部，建于明代。坐南朝北，由上房、东西厢房、南房、大门组成，房屋西、南临街巷，面积约300平方米。

上房为高台式建筑，中设一路垂带踏跺，面阔五间，进深一间，砖石木结构，硬山布瓦五脊六兽顶，两稍间向外砌筑，挂斗白灰条泥缝至檐下，前墙三间小青砖白灰条丁顺平铺砌筑，门窗已不存。

东西厢房建筑对称，面阔三间，进深一间，砖石木结构，平顶，仿木构砖檐，前墙门窗两侧及券青砖挂斗平铺白灰条砌筑。西房顶后部临街建青砖布瓦花墙。

南房面阔二间，进深一间，平顶，前出仿木构单坡砖檐，檐上扣瓦，设瓦脊，平房南部临街建青砖布瓦花墙。正间后墙开长方形窗户一面，窗户两侧墙体青砖砌筑盘头，上出仿木构砖檐，檐上扣瓦，设瓦脊。前墙门窗两侧及券青砖挂斗平铺白灰条砌筑。

大门位于南房东侧，面阔、进深各一间，砖石木结构，硬山布瓦五脊六兽顶。该大门较高大，建有门棚，宽门框，穿带门，石门墩，前出街巷五级台阶，台阶两侧置引峰、勾石，其两侧又置底砖，其上为方形石块平台，可充当上下马石之用。

↑ 马清彦故居大门

马作霖故居

位于村东垴最高处，建于清末。坐南朝北，面积约200平方米。由上房、东西厢房、北房、大门组成。该建筑西临街巷，东南与其他建筑相连，大门口外场地空旷、视野开阔，可见绵河与北横口。

↑ 马作霖故居大门

上房面阔三间，进深一间，砖石木结

构，平顶，前出仿木构单坡砖檐，檐上扣瓦脊。

东西厢房建筑对称，面阔三间，进深一间，砖石木结构，平顶，前出仿木构单坡砖檐，檐上扣瓦脊。

北房，因大门居中，大门两侧各一间，西间与西厢房相连，无西侧下明堂，东间在东下明堂开门，砖石木结构，平顶，前出仿木构单坡砖檐，檐上扣瓦脊。

大门居中，面阔、进深各一间，砖石木结构，硬山布瓦五脊六兽顶。宽门框，穿带门，石门墩。

↑ 马作霖故居院内

↓ 马作霖故居侧面

该院原建筑不存，现建筑是在原基础上重建，建筑材料使用现代青砖，外墙按原工艺磨砖对缝打白灰，挂斗、平铺砌筑。门窗全部改成现代仿古门窗。

马清海故居

建于明代。从南横口圪洞街到礼让街有一段南高北低由中型鹅卵石铺就的上坡路，这一段街道中部的西侧，有一拱券形的门洞，全部用青砖砌成，宽约3米，高约4米，门垛横截面长宽相同，约60厘米，拱券上方中间有一高30厘米、宽1米的凹形匾框，内镶砖撰“礼门义路”四字。匾框背面镶有一钟表形砖刻图案，指针正好为六时整，概是吉祥与守时之意。门洞中部为出檐或平顶，两旁各设一收檐式墙垛，高约40厘米，整个门甚是气派大方，一看便知是显达富有之家。进入拱券门，拱券门洞向西便是宽3米、长12米的一段上坡通道，用中型鹅卵石铺就，通道尽头为一长形影壁，用青砖砌成龟背纹图案，影壁北侧是一斗拱式瓦脊大门，上石台阶后，拾级而上，通过大门和过厅进入院内。该院一分为三，东西方向通道1米宽，通道东西相对各设一门，分别进入西院和

↑ 礼门义路

东院，中院不设门。三院均为四合院，正房均为坐北向南的前后出檐式青瓦房。西院东西南三配房均为平房。中院配房的南屋为瓦房，东、西配房也皆为平房，中院的主房与东西院主房不同，中间前出两明柱，两侧房屋凸出，整体布局正面看呈凹字形，周边墙壁只有下部一米高许用青砖砌成，上部则全部是木质，甚是讲究。该主房，当地人称戚位，专门招待客人。东院除正房为瓦房外，东南屋也均为瓦房，只有西屋为平房。无论东、西、中院，整个院落布局合理，三个小院相互连通，又互不干扰，各成一体。

↑ “迓祉迎祥”匾

“迓祉迎祥”院

位于狮子门街东，建于清代。拱券门上有“迓祉迎祥”四个大字，人们常常因之驻足。“迓祉迎祥”，“迓”“迎”均为迎接之意，寓意迎接幸福吉祥。拾阶而上，开正门。上房北屋三间，东西屋各三间，为砖石结构。东屋为二层，下层临街，有窑洞三个，墙上有拴马石两个。该建筑巧用地势，布局合理。

福寿院

位于垴子街，建于清代，建筑面积124平方米。门楼为砖瓦结构，气派大方，门楣书有“福寿”二字，“福寿院”一名也因此而来。四合院落，北上房瓦房三间，厢房东西各三间，南屋两间带门楼，保存完整。

柏树院

柏树院是马贵香兄弟三人的宅院，位于南横口村关帝庙西，始建年代不详。进入第一道大门是长方形空地一块，分南北中三个院落，布局合理、独特，属一门三院建筑。大门上方门楣处悬挂“萱堂春永”祝寿匾额一块，蓝底金字，木字阴刻，是民国十年（1921）乡邻朋友祝寿赠送。该院落生活设施齐备，一应俱全。

↑ 青翠旧宅

↓ 柏树院

躲进小楼成一统

南横口村人凭他们的勤劳与智慧创造了不朽的文化，留下了珍贵的遗产，看似不起眼的建筑，却自成一体，内涵丰富，南横口仅二层建筑就有十几处。“不是高楼，胜似高楼，足下绵河滚滚流”，这是陶瓷名人马济霖之子的诗句。当时陶瓷业主为了充分利用空间，在作坊上又建了一层，把二层作为办公的地方（账房），同时盛放陶瓷样品，既美观又实用。这些小楼充分利用空间，少占耕地，精心设计，变废为宝，实用美观，值得后人研究和借鉴。

拐角楼

位于南横口村北，始建于清代，占地66平方米。这是一座二

↓ 拐角楼

层五间不规则六角式小楼，实际是古瓷窑的部分作坊和账房。由于地处古道旁，建造时只能依地形而建，地界为弧形，建房却不能“随形”而建，因此从正面看，墙面呈凹弧形状。一层是大拱券脱壳，宽2.5米，长12米，拐弯通道，故称拐角楼。通道中间有楼梯一处，再向北有老君神龛一座，东南厕所、马圈各一处。二楼西墙开窗户四个，东墙开门一个，二楼内分南北两室，楼南通往垴子街坡道，由坡道可进入二楼。

↑ 拐角楼侧面

拐角楼正面墙体内砌匣钵、外表红砖拱券形门道顶。房顶皆为炉灰与石灰混合轧压凝固而成，废弃匣钵、炉灰、破碗这些烧制瓷器的附属产物也都让古人巧妙地利用起来，变废为宝，难怪南横口古时几十座瓷窑烧制几百年，却不见垃圾如山、破碗破钵遍地，正副产品皆能自产、自销、自用，环保意识不得不令人惊叹。

整个建筑依地势而建，设计大胆，布局合理，施工坚固，百余年仍完好无损。20世纪50年代曾是民办学校，由马维新、王复胜任教员。1963年村中老母庙被洪水冲走，老母庙搬入二楼安家。现门窗被拆除，其余保存完整。

月明楼

位于阳坡（马秋宝家附近），坐西朝东，长6.5米，宽3.6米，有上下两层，下层三间，上层三间。一层的中间有古窑的窑口，西间是出炉灰口，一层窑炉前主要是盛煤的地方，供烧窑用，二层是账房和样品房。此房现已残缺不全。

东楼

位于南横口村北马清华瓷窑生产半成品场内，始建于清代。旧时称南场，一楼有拱券式窑洞六眼，属生产陶瓷半成品作坊。二楼为砖木结构平房四间，坐北朝南，西墙开窗户四个。中间有院落，长10米，宽5米，南面有拱券窑洞2眼，坐南朝北，西墙有门窗三个，西墙外1.5米宽，通道直通南窑。三楼在院东侧，砖木结构，平房三间，北山墙有门一个，西面有窗户三个，东侧是坡道，坡道中有门一个，是进入三楼的通道。二楼北房顶是三楼院落，东、北、西砖砌女儿墙，整个建筑依地形而建，布局合理，独具风格。旧时此处是马清华办理陶瓷业务所用。1951年，井陉县在此成立了南横口陶瓷基层工会、南横口陶瓷同业工会，办公所在地同镇卫生院所在地。镇卫生院改建时，三楼已无存，二楼、一楼残半，但仍可辨认清楚。

西楼

位于绵河南岸，坐西朝东，始建于清代。一楼内南侧西有瓷窑炉一座，北侧有厕所一处，内有数十平方米工作间，工人曾在此处包装产品。二楼砖木结构，东墙设有窗户五个，西面有一门两窗。西侧旧时是平涉马路，二楼与马路平行，可通过马路进入二楼，旧时是马清华办理业务处所，同时供值班看护人员居住。1951年，井陉县成立南横口“陶瓷推销站”，此楼为其办公场所，20世纪

70年代修建平涉公路时已拆除。

庆源楼

位于南横口垴子街北，始建于明末清初。一楼是拱券式炉渣脱壳，一门一窗，内西南侧有楼梯一处，二楼东墙、北墙有窗户各两个。在马清源北房屋内东侧有门一个，也能进入二楼。建筑占地面积约30余平方米，布局合理，使用方便，楼小而雅。据说清时下设粮道，在此办公。现保存完整，维持原貌。

↑ 庆源楼

清德楼

位于垴子街，建于清末民初，是马清德住宅，坐西朝东，一层为拱券式脱壳建筑，两间，二层长约5米，宽4米，正面有两个砖砌大拱券，南北有两个小拱券，向里为条格型满墙连体门窗，南墙设有窗户一个，为解决家人居住问题而建。砖木结构，布局严谨，楼小，充分利用空间，独具风格，是南横口最高的建筑，也是标志性建筑，现保存完整。

↑ 马道楼

马道楼

位于马清华院东，整体建筑坐东朝西。马道楼二楼，楼梯设于马清华院东北，经东厢房房顶与天桥进入马道楼二楼，天桥两边设有栏杆，马道楼上、下楼层均为马清华财产。因马道楼一层中间设马棚喂马，常有马匹行走，故将马清华东厢房后墙与马道楼之间形成的狭窄通道称为马道，该楼也就称为马道楼。事实上该通道不仅供马匹行走，还是马清华胞弟马清源家人出入的主要通道。

谢家楼

位于南横口甘陶河西岸，建于清初，是谢金牛家宅院。谢家在明代从磁州来南横口打工（从事陶瓷业），明末落户于南横口村。建房时，把磁州炉渣脱壳建房技术传入南横口，此房一层是井陉县第一座灰渣脱壳房，共三间，砖石结构，结实坚固，冬暖夏凉，二层是砖木结构，坐北朝南，共三间。一层东北角建楼梯，可上二层。二层设1米宽楼道，楼道建有女儿墙，约1米高，楼道西设有一门，门外是村街道，从街道也可进入二层。设计精巧，布局合理，结构坚固，至今已有数百年历史，仍然完好无损。谢家后代仍在此居住。

盔心楼

位于甘陶河西岸，始建年代不详，长7.5米，宽2.9米，一层是砖木结构，共三间，一门两窗。二层三间，一门两窗。门窗四角为砖砌，其余利用陶瓷残品笼盔扣住砌墙，故称盔心楼。此楼是南横口唯一利用残盔砌墙盖楼的建筑，设计大胆，布局合理，现已不存。

名街旧巷故事斐

南横口街道大都用中、大型鹅卵石花岗岩（当地称红石）铺成，道路高低不平，从南至北，曲延纵横数千米。小巷数十道，连接各家各户，各道口立有“泰山石敢当”，以禁压不祥。主街两旁，从南到北共有瓷窑十七座点缀其中，作坊窑洞四十余眼。临街商铺众多，实属“宅带窑、窑连坊、家家有窑厂”，是典型的工、农、商兼备的古街风格。

副榜街

南横口有一条“Z”字形的道路贯穿南北，北隔绵河，原有木桥，现有大石桥与北横口秦皇古驿道（现307国道）相连，南穿石

↓ 副榜街

太铁路与北秀林相接。该路是井陉县域内南北通道的重要一段（原平涉古路的一部分）。副榜街横亘在中间，该街长100多米，宽6米，街北为马家大院北院及民房数十间，街南为马家大院南院。

北街

副榜街以北至绵河南岸为北街，长约300米，宽3米，沿街民居临街有多个石凿拴马环。街面上还有副食店、面馆、酒坊、民宿等店面，应有尽有。旧时作坊的吆喝声、街上的叫卖声、牲口的嘶叫声，声声入耳，一派繁荣的景象。

南街

副榜街以南至石太铁路为南街，长约300米，宽2—3米，受

↓ 南街丁字口

地形影响，该街为单边街。街东为甘陶河。“工农联盟”纪念碑矗立于街的中段。街西共有瓷窑9座（现已改造成民房），自北向南有多家店铺，其中当铺、杂货铺、染布坊、小磨香油坊尤为出名。店铺鳞次栉比，拴马石、拴马环、拴马桩比比皆是。南街还有关帝庙，每逢农历五月十三，许多香客、商家、商人、临近居民都会来此敬香祈福。南街也是陈列陶瓷产品、农产品及上供时摆放供品的地方，旧时的南横口商贾云集，人声鼎沸，车水马龙，远远望去，简直就是一幅南横口的“清明上河图”。

↑ 礼让角

垴子街

垴子街，顾名思义为南横口的最高处，该街呈“S”形，瓷砖铺地，因瓷砖为金色，寓意脚踏实地、黄金万两。远处望来，南横口像一条腾龙，垴子街的建筑就是龙头。其中著名的建筑“礼让角”让人叹服。马清华建房时，为使村民行走方便，将自己西房和北房的连接处，抹成弧形，体现了房主高风亮

↑ 垴子街

↑ 狮子门门前坐狮

节、谦让大度的高尚品质。

垴子街最南端，因门前有坐狮一尊而得名狮子门。相传该院主人为朝廷一品官员，门前左边置狮、右边种槐。进门共有9级台阶。相传门前石狮曾一度兽性大发，昼伏夜行，经常夜间祸害邻里百姓，经人们商议后用一块大石头将其尾巴压住，限制其外出，避免再生祸端。现狮头已不存。

底下街

底下街沿河走向，长100多米，宽2米，该街店铺林立，石磨、石碾、石臼齐全。三眼阁矗立于该街东头临河边，该建筑分上下两层，造型独特，别致大方，上层飞檐斗拱，

↓ 狮子门

雕龙画柱，为古庙宇奉供“老母”。下层为“卜”字形通道，东西直通，西通主街，东至河边，向东为本村村民敬香、下河洗衣、挑水、看戏、观景的主要通道，向南通道口与河中木桥对接，木桥现已不存。底下街为袁峪、马峪、翟家庄、大沟、南高家庄、东水、庙岩等村民与外界来往的必由之路。

圪洞街

位于垴子街南的岭垴之下，街西、街北有若干窑洞式民居，地势低下，形若洞穴，故起名圪洞街。东临甘陶河，街北端分东西两路，西通垴子街，东为半坡街。

南场街

原来关帝庙是南横口村的最南端，现关帝庙西南有场（旧时打晒粮食之场）处于旧平涉路（一段）之西，故取名南场街。

↓ 圪洞街

↑ 庙坡街

半坡街

圪洞街北，依岔分东西两路，西通垴子街，东为半坡街（通北窑，现北广场），一半为坡道，另一半为平路，故称半坡街。

庙坡街

指圪洞街南端，向西通向狮子门的一段街道。因旧时古戏楼、五道爷庙、老母庙和三王庙都建于这一带，该街道路段自

↓ 南横口老街

东向西呈土坡状，而坡南有上下两场（旧时为打粮场地），该段坡路俗称庙坡街，场为庙坡场。

爷坡街

位于南横口关帝庙西，因其街入口临近关帝庙（南横口人称老爷庙）、入口街道为坡状而得名。另有一种说法是因旧时此街所有民居建筑多以窑洞为主而取名窑坡街，因在井陉方言中，“爷”“窑”儿化音近，而讹为“爷坡街”。究竟是“窑坡街”还是“爷坡街”，无证可考。

↓ 飞霞流云映水镇

店铺林立生意兴

南横口自北向南穿过村中的道路为平涉古道的一段。北起绵河南岸，与北横口南阁相对，中有跨绵河木板桥相连，经原古瓷窑东西楼之间至拐角楼前，再至北巷。这一段古道中，除四五座古瓷窑和相关作坊，另有德顺斋蛋糕坊和马家大院北院的泰裕恒酒坊等。

德顺斋蛋糕坊

位于南横口北街3号古瓷窑旁，能制作茶食蛋糕20余种，尤以中秋月饼最为著名，口味分为甜味、咸味、麻辣味等，馅料分为五仁、豆沙、冰糖等。由于德顺斋做的蛋糕口味独特，品种齐全，深受乡亲的喜爱。德顺斋的商训是诚信为本，薄利多销。

泰裕恒酒坊

位于马家大院北院以北，为马家所有。马冬爱为知名的酿酒师。该作坊酿造粮食酒，多以高粱为主要原料，产品酱香突出，醇香馥郁，幽雅细腻，入口柔绵，清洌甘爽，酒体醇厚，回味悠长。泰裕恒酒坊的宗旨是顾客至上，诚信为本。

德悦布坊

位于底下街，以零售布匹为主业，主要经营粗布、手织布、纯棉布、印染布等。德悦布坊的经营之道是货真价实，薄利多销，诚信为本。

马记杂货店

位于底下街，店铺面积15平方米，各种杂货应有尽有，主要有生活用品：锅碗瓢盆、勺、笤帚、扫帚、簸箕、筐；农业用具：镰刀、大锄、铁锹、禾锄；纺织类：手巾、帽子、手套、鞋；玩具类：小瓷喇叭、小眼镜、口哨；等等。服务对象是本村村民及袁峪、马峪、南北秀林等村民，还有南川（南山沟，横口以南）的过路乡民。

↓ 泰裕恒酒坊

井陉窑是河北四大名窑之一，早在隋代便已烧出成熟的白瓷制品。南横口古瓷窑是井陉窑的重要组成部分。南横口地处绵河和甘陶河的交汇处，三面濒河，得天独厚的地理条件和周边丰富的矸土、植被资源，使得这里成为古老井陉的瓷业中心。在漫长的历史发展过程中，不仅形成博大精深的陶瓷文化，而且孕育出众多的陶瓷名人、名品和老字号。

↓ 古窑放异彩

第三章
瓷窑千年话辉煌

↓ 井陉窑南横口古窑址

陉山瓷场馒头窑

井陉窑是我国北方古代的重要窑口，据专家考证，其规模一度达二十几万平方米。井陉窑陶瓷生产的历史，最早可追溯至隋代，具有一千多年的烧制历史，曾一度成为“官窑”，其生产的白瓷可与定窑相媲美，其印花和剔花、点彩等装饰手法十分精美。井陉窑能达到鼎盛，与其得天独厚的地理与资源条件有十分重要的关系：位于交通要道、原料就地可取、燃料取用方便、水源充足。

作为井陉窑的重要组成部分，南横口古瓷窑保存了大量珍贵的瓷片。经有关部门鉴定，南横口窑的历史起码可以追溯到宋代，其历史已有千年。虽然历经朝代变迁，但南横口陶瓷业不断发展，全村村民多从事陶瓷业，史称“陉山瓷场”。明清时曾有窑炉近百座，主要分布在绵河和甘陶河岸边，产品百余种，产量庞大，所出品陶瓷在明代曾作为贡品进贡朝廷。

近年来，经有关部门调查、挖掘，发现古窑址及加工原料遗址，遗址以公路平涉线为界，分为东西两大部分五个片区，共14处窑址，占地面积约为4353平方米，其作坊、器铺、附房等保存较为完整。从现存窑址看，顶穹外部呈馒头状，故以形而名，称为“馒头窑”。

东片区位于甘陶河西岸坳子街以下部分，窑区围绕坳子街台地呈扇形分布，包括一区1号窑、2号窑，二区3号窑、4号窑、6号窑，共5座窑址；西片区位于绵河南岸高地和天宁化工公司院内，包括三区5号窑、10号窑、11号窑、12号窑，四区7号窑、8号窑、9号窑和五区13号窑、14号窑，共9座窑址。在各窑址曾出土石轮、手轮、碾槽、匣钵（当地称笼盔）等大量生产器具。在村民家中收集的古陶瓷产品，品种多样，有碗、坛、盘、罐、瓷枕、青花瓶、耐火砖等数百件，其器形简朴别致，釉面装饰极具地方特色，为研究南横口陶瓷发展历史提供了重要依据。

南横口古瓷窑遗址是一处罕见的保存较为完好的馒头窑群。出于地面的14座窑场居高台而下临河，分列甘陶河西岸和绵河南岸，窑炉、作坊、器铺和窑主窑工居所等遗迹成片集中，构成完整，为我们勾勒出一幅烧陶制瓷的完整场景，反映了这一地区陶瓷手工业的繁盛景象，展示了井陉手工陶瓷业的发展生态，是井陉陶瓷历史演化延续的活化石，对研究制瓷工艺，传承根脉文化，保护古老的手工业历史遗产，带动农家乐生态游，推进大文化建设，具有深远的历史意义和重要的现实意义。

↑ 馒头窑

↑ 古窑外墙

↑ 陶瓷古窑

陶瓷古窑

南横口 7—9 号窑址

陶瓷古窑

陶瓷古窑

南横口8号窑横剖面

陶瓷古窑

南横口窑产品

井陉窑瓜棱罐

南横口窑产品

福寿盘

青花大碗

井陉窑陶瓷罐

井陉窑绿釉梅瓶

寿字碗

古窑多层赛迷宫

在14座瓷窑中，3号古瓷窑修建于清初，是瓷窑、作坊、账房等相关场地设施保存最完整、最齐全的一处，对研究井陉窑有重要的参考价值，是专家鉴定、观摩井陉窑的重要依据，是井陉窑历史的最好见证。

3号古瓷窑、作坊、账房等整体建筑坐东向西，依地势分三层，呈阶梯型布局。一层设大门，大门左右各有窑洞三眼，或为作坊和库房，最南一眼为出灰口。进入大门即为阶梯甬路，其顶为阶梯式拱券，拾级而上，至天井下，向南则是二层院落及西向部分作坊（已坍塌）和北向的3号古瓷窑，天井下向北又分东西入口。向

↓ 南横口3号窑的上层作坊

左进入阁楼（为账房、样品房），向右进入窑洞式作坊，作坊内左侧有入口，可进入与其并列的另一作坊内。该作坊还有专为开发新产品而设的一座试烧性小瓷窑，天井下向东则是通往第三层作坊的暗道，长十余米。除向西三眼窑洞式作坊外，另有坐北向南的几间平房（已坍塌）。3号古瓷窑场占地面积不足1000平方米，但其使用面积已远远超出其占地面积。其主要原因就是阶梯形设计，坊上有院，院下有坊，房上建房，洞内套洞。体现了建设者充分利用土地资源、最大限度扩大生产使用空间的设计理念。3号古瓷窑窑场、瓷窑及各层作坊、账房、库房之间暗道互通，自上而下按照陶瓷生产工艺流程，自然布局，安排巧妙，避免了诸多的无效搬运，既减轻了工人的劳动强度，又提高了工作效率。

窑洞式的古瓷窑窑场和作坊，“窑”“洞”相连，大小不等，宽窄不一，形似迷宫；又科学设计，巧用自然，冬暖夏凉，为制瓷烧窑营造了绝佳空间。

↑ 古窑内部

↑ 迷宫似的窑场楼道

↑ 井陉庆余成陶瓷获“燕赵老字号”

↑ 庆余成瓷号产品

百年瓷号庆余成

清光绪元年（1875），南横口村瓷窑业主马趋庭始创庆余成，迄今已逾140年。其产品素以工艺精、质量好、品种多、产量高而稳居全县行业领头地位，名扬国内。瓷号庆余成的创立，是对南横口千年瓷业的传承与发展，并在清末民初掀起了一股陶瓷业改革的浪潮。

清光绪年间，庆余成因手工制作电杆上用的瓷瓶与日商抗衡，光绪皇帝书赐“实业救国”以表彰其功；庆余成所产瓷器曾先后三次在巴拿马万国博览会上获奖，文化用品被指定为当时县运动会专用奖品。《井陉县志料》载：“家营瓷器业，力图改良，所制电器用品及各种瓷业确有进步。曾蒙直隶实业厅陈列观摩会奖给奖牌一，奖章二。”

1950年，国家颁布了恢复、发展私营工商业的政策《私营企业投资暂行条例》，县里将土改时没收的窑业场地、设施设备发还给各窑户。马趋庭之孙马济霖经营的庆余成积极响应政府发展生产的号召，克服资金短缺、设备不足和技工匮乏等困难，在几十个

↑ 庆余成出产的陶瓷瓶

同行中第一个点火烧窑恢复生产。庆余成选用本地的细白土作釉料烧制大公碗、二公碗、三公碗等系列黑碗产品。因成本低，价格便宜，各地商家竞相前来采购，产品供不应求。之后，其他同行陆续开业纷纷效仿，庆余成则弃碗而取盔罐生产，率先占领市场，获利颇多。1951年，窑户全部复产，碗罐类产品供大于求。庆余成新建造20平方米的小窑（这种窑产品24小时即可出炉）一座，大胆转产，生产异形耐火砖。1952年冬，庆余成与石家庄、邯郸的用户签订了生产陶瓷水管的合同。经过反复实

↓ 陶瓷瓶局部

↑ 陶瓷捣蒜罐

↑ 青花白瓷盘

验，成功试制出井陉陶瓷史上第一根陶瓷水管。此后，随着电力事业的不断发展，庆余成不甘心由价格昂贵的进口产品占领市场，欲与之竞争，便与井陉矿务局签订了电料生产合同，开始利用窑内夹缝带烧瓷头、夹板、电解容罐等电料产品。由于政府的扶持和庆余成的锐意进取，到1954年，庆余成的资产达2.5万元，成为全县最大的私营企业。1955年庆余成公私合营，成立“井陉县公私合营庆余成瓷厂”，即井陉陶瓷厂的前身，开启了井陉现代陶瓷业新时代。

庆余成作为井陉近代存续时间最长的瓷业老字号，一直引领着全县陶瓷业的发展。在百余年的发展历程中，它在瓷器造型、釉色配料和装饰工艺等方面博采众长、兼容并蓄，形成自己独有的特色和风格，一直沿用至今。根据直烟窑升温曲线总结出的“小火慢，大火稳，中火阶段急升温，老爷掉线填三口，最高火度打窑门”烧窑顺口溜，更是实用、易记，堪称经典。

陉瓷外销多曲折

历史上井陉窑所产瓷器精美，产品种类丰富，质量上乘，官府和寺庙多有使用。近现代井陉窑产品已走出国门，大量销往日、韩和东南亚国家。

井陉窑产品走出国门，以井陉原火陶瓷厂生产的砂锅系列产品为主，这些产品30多年来的订单大都来自日、韩，所以一说到井陉陶瓷产品走出国门，人们自然会想到是井陉原火陶瓷厂和金焰陶瓷厂的砂锅系列产品。

早在1939年日军侵华时期，井陉窑的产品就已大量运到了日本。日军发动侵华战争后，为进一步吞并中国的资源，同时还在占

↓ 1936年生产的瓷罐

领区的铁路沿线，特别是桥梁、隧洞等关隘处设重兵把守。南横口作为井陉窑烧制瓷器范围广、烧制时间最长的片区，恰好在正太铁路与秦皇古道（今307国道横口段）之间，特别是南横口对面红岸山半山腰的铁路隧道，以及连接隧道与地上铁路的桥梁，成为日军把守的重点。日军为了确保这些桥梁和隧洞的安全，保证大量的军需物资及时运往山西，他们在山顶上、铁桥的西码头都建起了坚固的碉堡，甚至在桥东端的半山腰上还设有暗堡数个。日军对中国的侵略是全方面的，除自然资源外，文化和技术也是他们重要的掠夺目标。日军占领井陉后，住在红岸山顶和秀林铁桥头碉堡里的日军除了不断向周边村庄掠夺财产、杀人放火外，对南横口的瓷器生产也没有放过。他们先是把日本国内带来的瓷器（或碎片）及原料与井陉窑生产的瓷器原料做实验进行对比，然后侵夺瓷窑一座（现

↓ 1943年生产的陶瓷瓶

已拆除），强迫数名工人为他们试产试烧具有日本民族特点的陶瓷产品。试烧成功后，为扩大生产，进一步进行经济侵略，他们还强迫各瓷窑窑主加入他们所谓的“陶瓷生产合作社”，并与驻井陉矿日军联系控制陶瓷生产的用煤，企图借此获取陶瓷生产技术和掠夺财富。不参加者则不配给生产用煤或高价配给，甚至以生命威胁、强迫窑主入社。日军惨无人道，窑工受尽日军的役使和迫害，反抗之心以不同的形式反映出来。井陉窑博物馆现存的一件瓷器（暖手壶）上书“把小日本赶出中国去！”便是物证。

从日军占领井陉至其投降的几年时间里，南横口到底出产了多少瓷器，都是什么品种，现在还存世多少，这些我们都不得而知，也无从考证。但日本侵华时期对井陉窑的侵略行为，足以证明井陉窑陶瓷生产与日本瓷器生产在那个时期就有了联系。

↓ 1938年生产的瓷罐

公私合营谱新篇

公私合营是南横口陶瓷业发展的重要一步。具体来说，南横口陶瓷业的社会主义改造是分两个步骤进行的。首先是把资本主义经济转变为国家资本主义经济，然后再从国家资本主义经济过渡到社会主义经济。到1956年，井陉县的资本主义工商业先后经过国家资本主义的初级形式和国家资本主义的高级形式两个阶段，逐步完成了社会主义改造，走上了社会主义道路。当时，南横口陶瓷业以其规模和在全县经济中占有的重要地位，而成为社会主义改造的试点行业，并大致经历了三个阶段的改造。

↑ 沧桑古窑

互助生产公益成

中华人民共和国成立之初，井陉县的国民经济已处于停滞状态，国民党留给人民的是满目疮痍的烂摊子，百业待兴，百废待举。许多工商业者对党的政策不了解，顾虑重重，怀疑观望。大部分工厂资金缺乏，原材料紧张，开工不足，生产困难。许多工商业实际上已处于停产、停销状态。在这种情况下，井

↑ 制陶图

陉县委认真贯彻《中国人民政治协商会议共同纲领》中提出的“公私兼顾、劳资两利、城乡互助、内外交流”的方针，采取了一系列扶持、利用、限制措施，通过向工商业者贷款、统购包销等方式，帮助工商业者恢复生产和流通。

井陉解放后，政府不仅把原已濒临荒废的陶瓷窑场发还给陶瓷业主，还向每户放贷3800斤小米和一部分资金予以资助，并且定期不定期地向他们收购一些陶瓷产品。在人民政府的帮助下，到1950年，共有37家陶瓷厂恢复了生产。1956年资本主义工商业全行业公私合营前，横口一带已拥有炉窑62座，有32个大窑主，从业人员210多人。

在生产恢复发展过程中，一些陶瓷业主由于自身力量薄弱，开始自发联合起来走互助合作之路。他们成立了许多互助合作小组，

↓旧陶瓷作坊

在小组内部，各陶瓷业主实行联购分销的方式进行互助合作。这样既降低了生产成本，又提高了生产效益。

随着全国财政经济工作的统一，国家开始对私营工业产品实行统购包销。在这种情况下，为加强领导，1951年县委在南横口成立了“南横口陶瓷基层工会”“南横口陶瓷同业公会”“南横口陶瓷推销站”三个组织。这些组织维护了工人阶级的合法权益，保障了生产的正常进行。1952年，为发挥自身优势，井陉县进一步加强了对南横口陶瓷业的领导，县委责成供销社在南横口成立了“陶瓷批发推销站”，负责对南横口陶瓷进行统购统销。这种形式促进了私营企业和国营企业的联系，发展了企业的外部合作，限制了其不利于国计民生的一面，资本主义工业生产不同程度地被纳入国家计划的轨道，对提高企业劳动生产率、满足人民生活需求和推进社会主义改造起着积极作用。

随着国家经济形势的变化，陶瓷业行业组织逐步向生产社方向发展。1952年2月，在原来的互助合作小组基础上，“公益成”瓷号联合20余家陶瓷互助组成立了“南横口陶瓷业生产社”，一些陶瓷业主率先完成向国家资本主义初级形式的转变。但从本质上来说，这种形式下的工业生产仍然是资本主义性质的经济。

合营带头庆余成

经过三年经济恢复，国民经济进入有计划的发展阶段。国家对资本主义工商业的社会主义改造由原来的国家资本主义初级形式推进到国家资本主义的高级形式。改造方式由原来的统购统销、经代销转为公私合营。

根据上级精神，1953年8月，县委开始对南横口陶瓷业进行彻底的社会主义改造。地委、专署也把庆余成（南横口最大的陶瓷厂）作为全地区合营工作的试点和突破口，探索工商业改造的具体操作方法。

为使合营工作顺利进行，县政府工业办公室组织了银行、税务等部门组成联合工作组，对南横口陶瓷业的整体规模、效益、生产等各方面情况进行摸底登记，为顺利实施公私合营奠定了基础。

1955年，县委成立了私改办公室，下设公私合营、私商改造两个工作组，具体组织实施对全县资本主义工商业的社会主义改造工作。在私改办公室之下，成立了由刘纯之（时任县工商科副科长）和赵振华（时任专署地方工业局工作人员）分任正、副组长的合营工作小组，深入南横口开展工作。

7月16日，工作小组为了彻底了解生产状况，正式进驻庆余成瓷厂。工作小组进驻后，发现该厂由于新老人员交接，情况并不乐观：原材料紧张，开工不足，产品销不出去，工人大都放假回家，生产陷于瘫痪。如果这一状况继续下去，不但合营工作无法进行，该厂能否生存下去也成问题。为改变这种状况，工作小组一方面向厂主马济霖宣传党的政策，另一方面会同收购站、推销站积极寻找产品销路，并协助同业公会向其调配生产资料，帮助其恢复发展生产。通过艰苦细致的工作，庆余成的生产得到了恢复。

8月中，清产核资工作开始，为了打消马济霖的顾虑，县委副书记傅积意、县长路玉明先后找他谈话，向他说明党的政策，让他认清了企业合营后的光明前途。随后，工作小组组织马济霖和其侄子马忙喜学习了《省委公私合营工作总结》《公私合营工业企业暂行条例》等文件，统一了他们的思想认识，彻底打消了他们的顾虑。接着，在马济霖的配合下，工作组对该厂账目进行核查并对厂房、设备、原材料和其他固定资产进行了登记，然后通过账务核对来确定其资产总额和在合营厂中的股金比例。到9月底，这项工作基本完成。至此，合营试点工作取得了关键性的胜利。

10月初，县委根据工作小组的汇报材料，同专署地方工业局到南横口检查合营工作。通过检查，县委认为庆余成瓷厂的公私合营工作很有特点，该厂实行合营的条件已经成熟。12月10日，井陉县公私合营庆余成瓷厂正式成立。这标志着井陉县资本主义工商业的社会主义改造进入一个新阶段，并为全地区公私合营工作摸索出一套行之有效的操作程序和方法。

国营企业始运营

“庆余成”作为试点，公私合营工作取得成功后，县委迅速将工作重点转移到全行业的公私合营上来。工作组在专署及县委领导下，成立了“井陉县公私合营陶瓷厂筹备委员会”。

筹委会成立后，首先组织工商业者进行学习，解决了思想认识问题，使他们认清形势，明确方向。随后，根据“庆余成”的试点经验，开始对各户财产进行核查登记。由于时间紧迫，这项工作进行得过急过快，没有达到预期目的。1956年2月2日，筹委会首先宣布井陉县公私合营陶瓷厂正式成立。随后，清产核资继续深入进行。工作组成立了以辛英朴（会计专业人员）为组长、马忙喜为私方代表的财务组，负责各厂家的账目处理；以刘纯之为组长、马济霖为私方代表组成固定资产小组，负责盘点生产设施、原材料库存。两个小组采取走一家、核一家，现场评估、现场记账的办法，对各厂家资产进行了核验，确定了合营陶瓷厂中各方股金比例。6月，清产核资工作结束，合营陶瓷厂开始运营。

在这次公私合营工作中，县委根据清产核资结果，把各工商业者的资产转入股金，使他们成为合营厂的股东，规定从1956年到1966年的10年间，每年付给其股本金额的5%作为定息。同时，根据党对资本家采取的“团结、利用、限制、改造”的联盟政策和上级“量材使用，适当安排”的指示精神，对私方实职人员，根据其本人经济地位、政治表现和代表程度的广泛性，县委也做了适当安排，如马济霖当选为井陉县第一、第二届人民委员会委员，马润林任一段段长，马卜林任二段段长，马铭元任三段段长，马鹏云任股长。这些工作促使公私合营工作能够顺利进行。

井陉县公私合营陶瓷厂的成立运营，标志着陶瓷行业全行业的公私合营工作顺利完成，推动了全县公私合营工作的顺利进行。改造后的陶瓷业生产稳步发展，规模不断扩大，充分体现了社会主义的优越性。

商业方面，县委采取了“安排与改造”相结合的办法，安排一个行业，改造一个行业。从资源分配到行业改组，都做了统筹安排，有步骤地先解决主要行业，再发展次要行业。实行统购统销后，国家掌握了全部货源，就把私营零售商全部纳入经、代销的国家资本主义形式。并采取按行业归口管理和设立中心店的做法，将商业纳入国家的计划经济中。

1956年7月，井陉县公私合营工作基本结束。这时的合营工厂和合营商店除了付给各工商业者定息外，实际上已成为社会主义性质的国营企业。

井陉县公私合营陶瓷厂成立后，其产品除日用产品外，大量工农业用品也是该厂的主打产品，如瓷砖、瓷管、渗水管等。南横口现存的各式各样的瓷砖就是为各地炼铁、炼钢炉所用瓷砖（耐火砖）而制，如龙窑板道砖、“T”形制口砖、拱券砖等。瓷管类分两大类，一是下水道用瓷管，型号有一尺八、一尺二、一尺、八寸、六寸、四寸、三寸，根据排水量大小而定，如北京火车站、人民大会堂建设时，在井陉公私合营陶瓷厂订制的下水管道就有不同的型号。天津、东北等地所用下水管道也是如此。二是渗水管，渗水管主要是用于平原机井内的一种既具有渗水功能又具有防止流砂石回流将机井填埋的井衬功能的瓷管，这类瓷管的主要特征是，瓷管周边遍布匀称的渗水孔，有圆形的，也有方条形的，其规格大小

↓ 南横口烧制的耐火砖

如同普通下水管道，只是这种管在地下深处要承载一定的压力，质量标准要求更高。

井陉县公私合营陶瓷厂当时的产品，不管是民用产品，还是工农业生产用产品，都讲求质量过关。关于产品生产的各项规章制度、工艺标准、日工作量都有着明确的标准，包括制管平台规格，装窑龙柱间隔、高度等。正是由于严格的管理和高标准的产品质量要求，井陉县公私合营陶瓷厂才逐步发展壮大，最终成为有一千多名职工的井陉国营陶瓷生产厂。

井陉县公私合营陶瓷厂的成立，最大限度地调动了工人们的生产劳动积极性，也为当时的社会主义建设作出了巨大的贡献，特别是为北京火车站、人民大会堂提供下水道管的陶瓷用管，不仅给国家节约了大量的钢材，同时也增加了井陉县公私合营陶瓷厂的收入。为国家重点建设项目提供材料，是井陉人更是南横口人引以为豪的事情。

↑ 原火陶瓷守初心

↑ 原火陶瓷厂所产砂锅

原火坚守陶瓷业

1956年公私合营，为井陉国有企业的开设做好了铺垫，直至20世纪60年代，井陉县公私合营陶瓷厂成为真正的国有企业——井陉陶瓷厂（现原火陶瓷厂的前身），得到瓷窑业主和工人的认同和夸赞。

1978年春，井陉第一化工厂因管理不善导致爆炸事故，事后生产车间搬迁到邻村北张村，原化工厂“84车间”、木箱车间则被闲置（原化工厂根据生产管理需要，一度将不同的生产部门分成不同车间，如生产炸药的车间为“84车间”、生产装炸药木箱的车间为木箱车间、负责维修的车间为维修车间等）。1983年在井陉县政府的建议支持下，第一化工厂在废弃的木箱车间筹办了井陉卫生陶瓷厂，建设了一条年产十万件的卫生陶瓷生产线。1986年，第一化工厂为管理方便，将卫生陶瓷厂分离出去，同年，在井陉县政府的倡议下，在第一化工厂废弃的“84车间”又筹建起七百六十万件产量的中式餐具生产线，成立井陉县中式餐具陶瓷厂，主要产品为细瓷花碗和部分套餐茶酒具等。该厂后来与卫生陶瓷厂合并，统一管理，即井陉第三陶瓷厂。

此时井陉陶瓷厂生产的古罐、酱豆腐罐、臭豆腐罐等产品深受市场欢迎，供不应求，在如此利好的情况下，生产这些产品的集体、私人陶瓷厂纷纷上马，除县办的多家陶瓷企业外，集体企业有南秀林古罐厂、南张村古罐厂等，私人企业有刘家湾古罐厂、北横口许志贤古罐厂等，大大小小十余家。但是这样盲目无序地筹建的企业上马，从生产销售到经营管理都存在诸多方面的弊端，因此不久之后这些企业又纷纷倒闭停产，至今只留下原火陶瓷厂和金焰陶瓷厂（原中式餐具陶瓷厂）还在坚守着“陶瓷生产”这块阵地。

↓ 作为文创产品的原火陶瓷

中国民间文化遗产抢救工程
THE PROJECT TO CHINESE FOLK CULTURAL HERITAGES

南横口作为绵河与甘陶河交汇之地，北临秦皇古驿道，村中有平涉古路横穿，自古便饱受战乱之苦。在这样艰苦的条件下，南横口人坚守尊师重教之风，或出外求学或自学成才，只要机遇一到便会顺势而上，不辱使命、报国建功、创业有成，留下不少保家卫国、创业奋斗的美谈佳话。

↓ 依水而居南横口

第四章
建功立业人才多

帝王师与南横口

祁寯藻，字颖叔，一字淳甫，山西省寿阳县平舒人，户部郎中祁韵士之子，清嘉庆年间进士。历迁湖南学政、兵部侍郎、左都御史等职。道光十九年（1839）奉旨赴福建筹办海防，查禁鸦片，次年被补授为兵部尚书。咸丰帝继位后更得重用，官至体仁阁大学士，加授太子太保衔，后因年迈体衰辞官回乡。因曾担任道光、咸丰、同治三位皇帝的老师，他被世人称为“三代帝师”。他一生忠正耿直，举贤荐能，政绩卓著，对朝政有较大影响。令人意想不到的是，这位帝王师还与南横口有一段不解之缘。

道光五年（1825），南横口人马席珍被选入国子监读书，道光十一年（1831）入武英殿担任校录一职，参与修编《二十三

↓ 马家大院书院内祁寯藻题匾额“孝弟忠恕”

↑ "孝弟忠恕"拓片

史》，其间与祁寯藻结下了不解之缘，二人籍贯一为河北井陉，一为山西寿阳，两县之间仅有山西平定相隔，往返祖籍与京城都需经井陉域内之秦皇古驿道，而马席珍故居正处于秦皇古驿道（广阳驿站）的绵河南岸，如此籍贯相邻，往返祖籍与京城道路相同，加以同朝为官，致使马席珍与祁寯藻关系十分密切，不同一般。多年后，马席珍在南横口建起新房一座（现马家大院北院），为使后辈传承弘扬其重教、重习之精神，拟在其所建房屋之旁再建一小院，以便其祖籍近亲子弟读书（现马家大院书院）。正值祁寯藻因病返乡，途经老友马席珍之家小憩一夜，晚饭后，二人谈论国家大事，话到投机之处，马席珍向祁寯藻透露了自己意在新房旁建书院，为亲近家人和村人子弟解读书之忧的想法，立刻得到祁寯藻的认可和支持。借着酒意，年迈的祁寯藻叫马席珍家人拿来纸墨，欣然为马席珍未建的书院题了"孝弟忠恕"匾额和一副对联。数年后，马席珍新建房屋旁书院建成，并用当地青石将祁寯藻题词"孝弟忠恕"镌于其上，镶在正房门顶之上，至今保存完好。对联以楠木绿字镌刻，右起"以吾贤友"，落款"祁寯藻"，今仅余残片。

祁寯藻从南横口马席珍家离开回到山西寿阳不久，便病故于寿阳老家，如此，他为马席珍家的题词联可谓更为珍贵。

抗日战场流芳名

日寇铁蹄蹂躏中华大地，南横口虽处敌占区，但不乏抗日志士，他们用不同的方式为抗日救国作出了自己的贡献。

马录海

马录海，南横口人，1937年10月参加八路军，时年14岁。马录海参军后，因年龄较小而又天资聪颖、胆子大，被选为勤务兵，半年后转为侦察兵。日军侵占井陉后，因南横口地理位置重要，陶瓷生产集中，便将之作为日军重点把守的地方。

马录海是在自家人不知晓的情况下参军的，他参军后一年多的时间里，家人都没有他任何音信，得到他还活着的信息还是在他当了侦察兵以后。马录海之所以被选为侦察兵，除了他胆大心细，还有一个重要的原因，就是他对南横口及周边的环境特别熟悉。他参军前就是靠卖油果（油条）为生的，整天走东村串西村，开展侦察活动对他可以说是得心应手。一次侦察活动中，他在马峪沟的“窟窿岩庙”处，发现一穿长袍戴礼帽的人，在大路上很小心地走着，马录海与同行战士吕七斤（南障城人）从草丛中跳出来，一边喊着“站住”，一边跑到该人的后面，并用手枪顶住该人的后背，问道：“什么人？干什么的？”此人吓得全身发抖，结结巴巴地回答道：“我是南横口人，我叫马白娃。”马录海一听是本村的马白娃，便认真观察一番，确认其身份后才把枪收了起来。原来马白娃是回家给为了躲避日军而临时住在马峪村的家人取钱粮的，穿成这样正是为了迷惑日军。马录海与马白娃是发小，知根知底，知道他不会当汉奸，随即亮出了身份，叮嘱马白娃为自己保密，并在方便时告诉家人一声。自此，马录海家人才知道自己孩子的下落，并在马录海以后的侦察工作中给予了大量的帮助。

马录海参军后的战斗故事，他本人不愿多讲，因此流传下来的也就很少，但他带领战友吕七斤火烧秀林铁桥的故事在南横口是老幼皆知的。

南横口南部甘陶河上的秀林旧铁桥是正太铁路沿线中重要的铁路桥梁之一，日军为了保障军需物资的供给，在正太铁路沿线各铁路桥梁两头都设有碉堡或炮楼，秀林旧铁桥也同样如此，铁桥东头的“红岸山”上，设炮楼一座，码头西南侧设碉堡一个，两者形成高低搭配的火力网。1940年10月，为阻止日军向山西运送军需物资，国民党曾三次派飞机对该铁桥进行轰炸，前两次飞机从铁桥西直飞过来，因对面“红岸山”之高，不敢俯冲过低，只能在高处丢下炸弹，炸弹有的落到山上，有的落到翟家庄村附近，有的落在关帝庙前的河滩上而未能成功将铁桥炸毁，只是将山上的碉堡炸掉。第三次飞机由南横口北岭上方飞来，至现1号古瓷窑上方转头向南飞去，这样飞机顺河床而上，不存在“不敢俯冲过低”的问题，当靠近旧铁桥时丢下炸弹，这次正好命中目标，将铁桥炸断。铁桥被炸断之后，日军为了不影响运送军需物资，便当即在周边村庄抓用大量民工，用枕木架起桥墩，使铁桥恢复通车。当井陉南部山区八路军得到这一消息后，当即派马录海等同志，携带汽油，从上游梅庄（神堂寨）河边下水，马录海等八路军战士，潜游一千米，直至旧铁桥下，到了枕木搭成的桥墩下，他们将汽油浇在柏油浸过的枕木上，将蜡封好的火柴盒和香打开，引燃香头，便潜水顺流而去，当香燃烧到火柴头时，火柴点燃，引燃了汽油，大火冲天。当碉堡里的日军发现火势时，为时已晚，枕木已被引燃，日军只能无目标地用枪胡乱射扫一气，眼巴巴看着铁桥被熔化烧断。

铁桥被烧断的当晚，未等到日军通知南张村火车站，就有一列日军的闷罐车从南张村火车站由西向东驶来而全部掉到河里，再次给日军造成重大伤亡。旧铁桥被烧断后，直至日本人投降，也没有被修复通车。

马录海当侦察兵的另一个故事，就是他单人到微水电房侦察的故事了。抗战时期微水电房是井陉区域内最大的火车站内的供电设施，一旦遭到攻击，将会导致井陉站的全面瘫痪。为了配合“百团

↓ 正太铁路遗址

大战”的全面展开，最大限度给予日军打击，“百团大战”前，井陉南部山区八路军派马录海等前往微水车站和微水电房进行侦察。对于微水车站这样重要的铁路交通枢纽和微水电房这样的重要供电设施，日军把守自然十分严密，不是任何人都能随便进入的。马录海作为老练的侦察兵，自然深知这一点，但这拦不住胆大心细的他。马录海打扮得像普通工人一样，很自然地走近站岗的日本兵，未等日本兵开口询问，他早已用一只手将这个日本兵的嘴捂住，另一只手紧握着手榴弹顶住日本兵的后背，并示意手榴弹随时就要拉响，待日本士兵稍微冷静下来后，要求其一块儿到电房里转一圈，仅这一圈，马录海就把日军在微水电房的兵力布置和火力配备了解得一清二楚了，为“百团大战”微水电房的破击提供了重要布兵依据，将我军的兵员损失降到最低。

马清源

1937年10月日军侵占井陉后，作为陶瓷生产重要区域的南横口自然成为日军关注的地方，其原因一是南横口规模性的陶瓷生产，二是南横口村东南的铁路铁桥。

井陉县铁路沿线成为敌占区后，南横口周边的驻地日军除到南横口侵扰掠抢外，还强占瓷窑，强迫制瓷工人为他们烧制他们所喜欢的陶瓷产品，进行经济和技术掠夺。日军的烧杀掠抢行径和奴化宣传表面上在南横口起到其所谓的“稳定共荣”作用，但村民和各制瓷商号的主人、工人都充满了反抗和斗争的爱国爱家思想，并以不同斗争形式进行抵抗。其间南横口直接投军参加抗日的有五人，暗中为八路军购买枪支弹药的有五六人，暗地为八路军筹钱筹粮的更是数不清。八路军的筹钱筹粮活动一般都通过可靠的途径，并由当地有名望的人士来进行，特别是一些有良知、有爱国之心的伪保长就是最好的人选。日伪时期各村的保长一般都是在日军的威逼利诱下担任的，许多保长表面是为日本人做事，暗中却为保护村民和抗战作着自己的贡献。马清源就是这众多保长中的一员。

马清源任伪保长期间，与八路军便衣工作者洽谈工作的地点往往都选在其正房东面风道北侧的屋子内，紧急时八路军战士可从一楼撤走，撤不走时可藏身于土炕下的暗室里。

一次，马清源正在与马录海带领的两名八路军谈筹钱为八路军购买枪支弹药的事宜，马清源听到马道里传来日军的吆喝声和咔咔咔的马鞭声，立即对三位八路军战士说："不好，日本人来了。"三位战士异口同声地回应："不怕，大不了与他们拼了！"三位战士在回应的同时已麻利地将手枪的保险打开，准备一战。此时前门已被堵，去楼下一楼也来不及了。这时马清源说："为了你们的安全，赶快藏在炕下的暗室里吧。"马清源边说边将炕上的被褥挪开，麻利地打开炕板，让三位八路军战士藏了进去。马清源刚刚将木炕板和被褥恢复原样，日本兵就进来了。他镇定自若地一边招呼着日本兵，一边整理着桌上的物品。然而日本兵一进屋就喝问马清源："你这里有什么人来过，是不是八路？为什么这屋里有这么浓重的土烟味？"马清源毕竟见多识广，冷静地对日本兵说："皇军大大的聪明，连这个都能闻出来。不假，刚才来了个山里的亲戚，他抽了他自带的土烟，我刚把他送走，你们没有在大门口遇到他吗？这不，我也刚回来。"日本兵看着马清源镇定的样子，没有发现任何破绽，便与他谈起日本人生产陶瓷的事情来，并威胁马清源说通共杀头死全家，等等。日军走后，待确定安全了，马清源才将三位八路战士叫了出来，谈好筹钱之事后，让他们从一楼撤离。事后马清源积极与各陶瓷生产商家联系，在最短的时间内完成了筹钱工作，再一次如数将钱款转交给了八路军。

马清源在南横口任伪保长的一段时间里，不仅保全了南横口全村人的生命安全，还同时为八路军提供了大量的日军情报，多次为八路军筹款筹粮，用独特的方式为抗战作出了自己的贡献，也是所有南横口人为抗战作出贡献的一个缩影。

马克敏

马克敏，井陉县南横口人，生于1921年7月。卢沟桥事变后，日军到处实行“三光政策”。一天，日军突然进村“抓丁”，马四联（马克敏别名）、马五联两兄弟和北横口一村民被抓。押解途中，马克敏用眼神暗示马五联一起逃跑。他们一边跟着日军前行一边寻找时机，当走到一片树林时，兄弟俩猛然向日军发起攻势，用石块、土块等袭击日军，并迅速钻进树林。日军乱枪扫射无果，只能放弃，最终将北横口村民残忍杀害。随后马克敏参加了八路军，时年16岁。历次战役中，他冲锋在前，机智勇敢，屡建战功，并晋升为连长。大别山战斗中，眼部中弹，随即被送往医院。伤愈后转业到邯郸煤矿。

实践创新瓷业兴

陶瓷手艺代代相传，他们在传承的基础上，勇于实践，勇于创新，新产品不断，为陶瓷业的发展作出了贡献。

马清华

↑ 马清华

马清华，字春圃，幼时家贫，半工半读，闲暇时练习武术。清光绪年间，北秀林曾发现匪伙，马清华担心匪徒波及本村，于是率众乡民手持弓箭，奋勇作战，击退匪徒。直隶总督袁部堂嘉奖六品功牌，直隶总督张部堂加赏五品奖札。马清华继承祖业，经营瓷窑业，生产传统品种有碗、盘、盔、罐等，质量上乘，别具一格。马清华不断总结经验，力图改良生产工艺，开发新产品，首先开发生产电器用品——瓷头、夹板、过墙管等，相继生产瓷枕、样瓶及工艺陶瓷，受到官方好评。他生产的产品参加巴拿马万国博览会，获二等奖，是年被官方赏六品顶戴，主管陶瓷业，就任于北京。产品又参加直隶实业厅举办的陈列观摩会，并获奖牌奖章，在南横口陶瓷业中属佼佼者。卒年56岁，同行莫不追念悲悼之。

马铨文

马铨文，字序东。清副贡，以能文章知名。家中开设碗窑业，经数世，至先生，颇能精究其理。尝言：“凡烧碗者，泥欲其细，画欲其新，火候欲其熟。泥不细，则器粗；画不新，则器腐；火候不熟，则器苦。苟不惮作苦，而精益求精，虽江西磁不足尚也。”又曰：“凡色之取质草木者，经火必变；惟石质之色，可无虑此。”又曰：“凡银铜铁锡，莫不畏火，虽真金，亦然；惟烧器之坩泥，虽经火千百度，而不化。”世人对其所言称赞有加，皆以为“颠扑不破”。

马趋庭

马趋庭，字得三，清时为庠生，幼时家贫，在外祖父家读书，勤学苦读。少时游学，后出资办学十余年，因材施教，弟子成就甚多，平时注意字音，尤攻书法。天性慷慨，常为人排忧解难，扶弱资贫，人品道德兼优，深受众人钦佩。家中经营瓷窑业，经数代，都是自己动手，全家共同劳作生产，雇用少数技术人员为长工，生产传统产品盘、碗、罐、盔等。马趋庭在此基础上不断总结经验，改进生产工艺，扩大生产规模，到清末民初，已生产白瓷、工艺瓷、青花瓷、样瓶等产品，经数代人努力，达到了人丁兴旺、家资丰厚的辉煌。终年77岁。

马济霖

马济霖，字益民。1915年出生，1931年从北横口高小毕业；同年，父亲去世，开始掌管家营瓷窑业“庆余成”瓷厂，怀有“实业救国”的理想，励精图治，苦心经营16年，家业得到迅速发展，成为全县同行业龙头。1955年国家对资本主义工商业进行社会主义改造，“庆余成”公私合营。同年12月，马济霖被推选为井陉县公私

↑ 马济霖

合营陶瓷厂筹备委员会副主任。1956年2月出任井陉县公私合营陶瓷厂副厂长，分管生产技术。

马济霖是一位实业家。他出生于一个陶瓷世家，其父马清华是清末民初井陉陶瓷实业界的知名人士。受家庭环境熏陶，马济霖自幼即对祖传陶瓷工艺产生了浓厚兴趣，并毕生致力于陶瓷生产，创造了井陉陶瓷史上的多个第一，对井陉陶瓷业的发展作出了不可磨灭的贡献。

马济霖是一位爱国者。抗日战争时期，他与时任井陉（北路）县政府第三区书记马振三交往较多，并经常通过本村中共地下工作者贾银堂为根据地筹划物资。中华人民共和国成立后，在国民经济恢复时期，他积极响应政府号召，克服种种困难，在全县几十个同行中第一个点火烧窑恢复生产。在对资本主义工商业进行社会主义改造时，他的企业作为全地区试点在全县率先公私合营。1950年一次性购买公债800元，1951年为抗美援朝捐款600元，数额均居全县首位。

马济霖是一位开明绅士。中华人民共和国成立前，他虽富甲一方，但从不仗势欺人，而是经常利用自己与各种地方势力之间的关系，为乡邻排忧解难。他对待自己企业的工人就像家人一样，除工资比其他厂家高出一两成外，每年春节总要为工人制作一套新衣帽；每烧完一窑货，窑上总要吃一顿“大伙饭”；对工人业余创制的小产品，窑上负责带烧，收入四六分成。难能可贵的是，他一生十分注重陶瓷文化的弘扬与传承，奉献生平所学于社会，毫无保留地把自己宝贵的经验和技术传授给同行和下一代。

于文元

于文元，中共党员，自幼聪明好学，博闻强记。高中毕业曾被清华大学录取，因故未能入学。他精于木匠泥瓦之工，谙于农耕稼穑之事，喜爱山水雅静之所。

1974年进入井陉县陶瓷厂，从装窑工开始做起，历任井陉县陶瓷厂劳资统计、车间主任、财务科长和井陉县第一陶瓷厂厂长等职。任井陉县第一陶瓷厂厂长期间建成当时国内先进水平的百米隧道窑，组织研制开发白砂锅系列，注册国内首家砂锅商标——“原火”陶瓷并沿用至今，创井陉陶瓷之龙头企业。

1985年1月至1992年3月，于文元任井陉县第一陶瓷厂厂长期间，企业累计实现利润378万元，就业职工从700余人发展到1500余人，解决了农村劳动力就业困难的问题。固定资产从300余万元增加到1000余万元，使井陉县第一陶瓷厂从一个小型陶瓷企业发展成一个中型企业。尤其是白砂锅系列的研制成功和规模生产，对该厂的可持续发展具有里程碑式的意义，同时确立了井陉陶瓷以砂锅为主，多品种、高质量的产品发展方向，对全县整个日用陶瓷行业的生存和发展都产生了深远的影响。后来的实践证明，这一产品方向是井陉陶瓷行业最有潜力的方向，自第一件白砂锅诞生并投放市场到2020年的30余年里，累计产值近7亿元，产品远销日本、韩国、美国、新加坡等国家和地区，至今仍畅销不衰。

善心义举口口传

义善义举、尽忠尽孝是南横口人自古流传下来的村风、民风、家风。他们的故事，一直是南横口人做事的标准和样板，激励着南横口人永远追求真善美。特别是马作霖与绵右渠，应为后人铭记。

马作霖

马作霖，幼名学联，善于书法，仗义为人，善做益民之事。6岁入私塾，8岁时就开始书写碑文，受到村民好评，后就读于河北正定七中。少年时即胸怀壮志，曾书写李清照的诗句“生当作人杰，死亦为鬼雄”，悬挂于卧室自勉。他身材魁梧，性格开朗，谈吐诙谐，为人坦率。1917年，他身揣7块银圆只身出走，考入山西讲武学堂。1920年，从山西讲武学堂毕业后便直接到国民党将领商震部下供职，历任排长、连长、营长，后升任中校参谋，颇受赏识。1931年，经他再三请求调回井陉，任井陉保卫团大队长。

马作霖生在井陉，目睹家乡十年九旱、百姓“糠菜半年粮”的穷困生活，身在军旅时他遂萌生修渠引水浇田的想法。一次为绘制军事地图勘察地形时，他着意研究井陉地势，认定引绵河水上山是完全可行的，于是，他毅然辞去了保卫团大队长的职务，一心一意为修渠奔波忙碌。他首先动员本村富户和至亲好友集资，经四处奔波，在1933年组成了“绵右渠筹备处”，自任主任。筹备处主要成员有于家村高富生、秀林村高梦君、北关村黄承孝、北横口村李占魁和南横口村马述之等，其中一向乐善好施的狼窝村大财主梁素敦不仅是积极参与者，也是捐资大户。

绵右渠筹备处成立后，马作霖利用他与河北省政要的关系，经多方活动，再加上北平民国大学教务长兼河北省立北平高级中学校长焦实斋（井陉南固底村人）奔走呼吁，终于取得了河北省政府的支持。河北省政府致函华北水利委员会，要求按照马作霖的开渠设想勘测地形、绘制图纸。1935年11月，设在天津的华北水利委员会派来工程技术人员20多人，从地都村（当时属山西省）由西向东开始测量，历时半年，至1936年5月勘测完毕。马作霖亲自参加实地勘测，多次协同当时县长任甫亭慰问犒劳测量人员。图纸绘制完成后，马作霖信心百倍，立即着手集资施工。他向亲朋密友及族

↓ 绵右渠主干渠

中人等多次表示：为修渠即使倾家荡产、粉身碎骨，也在所不惜。他一面争取井陉县政府支持在本县集资，一面通过上层关系争取河北省政府援助，为此河北省建设银行在井陉还设了办事处。他计划利用梅庄东山原料充足、运输方便的优势，同时开办水泥厂。

不想时局突变，日军攻陷天津，华北告急，到处人心惶惶，开渠引水成为泡影。国难当头，马作霖只得忍痛放弃开渠施工的计划，又毅然穿上军装，奔赴抗战第一线。临行前，他再三嘱托父亲马清佑、儿子马全靖说："渠现在开不成了，我走后，家里丢了什么东西，也不能丢掉这份图纸。等赶走日本鬼子后，我回来一定把渠开通。"经焦实斋介绍，马作霖又在中央军关麟征部任职。1938年3月，参加台儿庄战役，因作战顽强、战功显赫而升任旅长；后随关麟征军团调往湖北，参加武汉保卫战。是年8月，日军发起了猛烈进攻，马作霖带领全旅将士奋勇还击，战斗异常激烈，整整打了三天三夜，最后弹尽粮绝，不幸中弹牺牲，年仅41岁，遗骨葬于武昌象鼻山。马作霖是井陉县抗日战争中牺牲的最高将领，他的抗战事迹流芳千古。

马作霖奔赴抗日战争前线后，其家人便将图纸置于一瓷管中，两头密封，珍藏于夹壁墙内。中华人民共和国成立后，井陉县委决定开凿绵右渠时，听说马家藏有一套绵右渠图纸，当即派人前去联系。马家深明大义，将保存20多年的图纸献出，为绵右渠选线与测量贡献颇多，使测量工作提前完成。

1958年3月，井陉县委书记傅积意发动全县人民兴修水利，他结合井陉的实际情况，"手提绵河上高山"。经过10个月的苦战，1959年1月，井陉县绵右渠一期工程竣工，由6条干渠、23条支渠、3488条斗农渠组成，总长1868公里。1959年9月，县委重新成立了绵右渠施工司令部，部署绵左渠的施工。绵左渠是绵右渠的延伸，在乏驴岭从河右岸穿过河滩，把绵右渠水引到左岸，它是河北省第一座高压双排铸铁管倒虹吸，于1960年竣工。绵右渠担负着井陉县、井陉矿区和鹿泉20个乡镇、193个村的22.5万亩农田灌溉任务，实现了井陉县“一年水利化”，解决了全县人民靠天吃饭、用水困难的问题。绵右渠的开通在全国引起了很大反响，各大媒体报社纷纷前来报道，绵右渠模型在全国农业展览馆展出。中央新闻电影制片厂拍摄的《雄伟的绵右渠》在全国放映。赵锡主编的诗歌选和其创作的《绵河边上》连环画被选入小学课本。

位于乏驴岭分水口之前的乏驴岭发电站是井陉县级发电站，利用绵右渠供水发电，每年为井陉县增收300万元，让绵右渠得到充分利用，发挥了更大的价值。

绵右渠是一条影响了井陉几代人的世纪工程，是中国水利史上的伟大创举，是当时全国最大的民办水利工程之一。党和国家圆了马作霖修建绵右渠的梦想，他可以含笑九泉了。

绵右渠建成通水不仅造福了井陉人民，也给全国社会主义建设树立了一个好的样板。

马玉秋

马玉秋，又名马清海，生前经营碗窑。马玉秋勤劳朴实善创业、家境殷实。他为人忠厚仁慈，常疏财济困。相传马玉秋孙子与几个小伙伴玩耍时趁一卖桃老人不注意偷了几个桃子吃，被他发现，问清事由，批评教育后即带领孙子向老人赔礼赔钱。事后老人提出想要一些瓷碗使用，马玉秋便带老人到自家窑场说：你看着拿吧！拿啥拿多少随你。当老人付钱时他说不用了，咱这光景不差然（当地方言，即不缺）这点。随即打发老人而去。无独有偶，一路人经过马玉秋窑场时看到窑场边堆满一轴轴待售的瓷碗，见旁无他人，提起两轴就走，很快被人看见，连人带物被扣了下来。马玉秋得知后到场告诉扣人者说：他拿就是有用，不想让人看到是因为没钱，不要声张，让他拿走吧，咱也不差然这些。

马玉秋在邻居相处上，舍小家，为大家。由于地势原因，邻居家的出门道路要占街道一部分，致使街道狭窄，行人困难。于是，他就把自己的临街墙拆了，向后移。这样一来，道宽了，行人方便了，但自己的宅基地变小了。左右邻居无不竖起大拇指夸赞："玉秋真是个好人！"乡人送其匾额，称其"礼门义路"。

马玉秋的大方和仁慈并不限于这些，每当他看到穷苦人，都会给以帮助，管饭送物，还常常送钱帮人渡灾治病。而每当人们表示谢意时，他总是说不用谢，不差然！久而久之，"马玉秋的光景——不差然"成为人们对其忠厚和仁慈的认同，也成为人们表达自己大度、大方、不吝啬、不过于计较的歇后语。

谢福禄

谢福禄，南横口名医，专治小儿疑难杂症，治愈率极高，深得村民信赖。

谢福禄是一位有名的儿科医生。方圆十里的村民只要家里小孩患病，都会第一时间想到谢福禄。小孩患病不会讲述，他能通过望、闻、问、切准确查出病因，及时下药。一般三天见轻，一周痊愈。

谢福禄是一位严谨的医生。他开药方拿药都是根据小儿患者的特点，亲自将药杵碎制成粉面，分成许多小包，方便小儿患者服用。他还叮咛家长小儿服药的时间、数量，对于一些不识字的患者家长，他就写出药方和服药方法，反复念给患者家长听，督促家长及时反馈病情，随时调整药剂和药量。

谢福禄是一位热情服务的医生，对于患者求医，无论何时，他都随叫随到，骑着牲口跋山涉水。急病人之所急，想病人之所想，是谢福禄为患者服务的宗旨。

谢福禄是一位廉洁的医生，病人家属为了感恩，给他送礼，他从来不收，出门行医回不了家，只要给他做一碗面条汤就可以了。他开药大都很便宜，一包药几毛钱，省钱管用，穷人都看得起病，无不称他是“在世华佗”。

谢福禄注重儿科医术的传承。他除了给患者看病，有空就把自己多年积累的经验传授给儿子谢存慎。谢存慎耳濡目染，虚心求教，后来也成了当地有名的儿科医生。

中国民间
文化遗产
抢救工程

THE PROJECT TO CHINESE
FOLK CULTURAL HERITAGES

由于水资源的丰沛，瓷土资源的大量储藏，燃料资源的充足，以及水陆交通的便捷，南横口的陶瓷生产业从宋（金）开始规模逐渐扩大，至1949年以后瓷窑数量扩大到八十余座。公私合营陶瓷厂成立以后，规模化生产为井陉陶瓷业大面积发展奠定了良好的基础，同时，部分因偏僻而废弃的瓷窑作坊为其他企业的入驻提供了优越的条件，如民国时期正太铁路车站的设置，中华人民共和国成立后井陉第一化工厂的入驻，20世纪70年代年国家“五四二”工程的建设等都是利用了这些“闲置”的瓷窑作坊。

↓ 铁路跨过绵河

第五章

工厂铁路驻陶乡

正太铁路孕商机

1903年由法国人承建的正太铁路，从南横口两河（甘陶河与绵河）交汇口的河东山下架桥引到两河交汇口处（该桥跨河桥墩数个，跨度近四百米），然后再沿绵河南岸的南横口村边自东向西而过，并在南横口设车站一处。该铁路1907年通车，至1920年南横口段因洪水断桥而改线，新改路线从南横口村东南架桥通过，原来一段铁路及车站废弃，原车站改为民房，旧车站售票房与扳道房遗址都还保存完整，清晰可见。

车站房屋三间，屋墙全部由青石砌成，门窗做工精细，地面平整，北屋东一间有售票窗口，上方有“售票处”石刻一处，现

↓ 正太老铁路

保存完好，东墙仍保存有长2米、宽1米的列车时刻表。整个房屋为石垒过间式建筑，其外观和内部布局基本保持原貌，建筑用料石规格严谨、纹理工整，夹墙外界墙采用凸石插垒工艺，横竖相间，偶有突出，既保持了建筑的坚固性，又不失建筑的美感，具有明显的欧式建筑风格。

↑ 正太铁路遗址

平涉公路横口大桥东侧有路基一段，路基下有护坡80米，裸露部分为35米，另有涵洞一处，长8.5米，高3.5米，仍保存完好。在村瓦窑沟一带，还有一处涵洞，现已埋于地下。村东南有扳道房一处，长3米，宽1.9米，东墙已拆除，现只存三面墙。

↑ 正太铁路旧涵洞

正太铁路百年前在南横口设站，主要考虑两点：一是当时南横口陶瓷产品外运量大，到南横口瓷窑工作的人多；二是为了满足当时粮食运输的需要。以绵河为界的北横口曾是晋冀通衢大道上（秦皇古驿道）井陉县内界的重要古镇（广阳镇），当时的广阳古镇内商铺鳞次栉比，粮店、布匹、药铺、杂货、当铺到处都是，往来人员更是车水马龙，

↑ 旧车站房屋

↑ 如今的石太铁路在正太铁路的基础上进行了一定的技术改造

特别是北横口有名的粮号、商号“广隆昌”“德义林”等都是由山西人开办的，这些粮行大都从山西采购粮食到广阳镇销售。井陉地瘠民贫，十年九旱，粮食产量低不够吃，而山西杂粮产量大，过去井陉一带吃的谷物杂粮大都从山西购（换）进，因此北横口当时就成为西粮东售的大型贸易市场。民间有“能吃西粮一条线，不吃东粮一大片”的说法，西粮一条线往下运输，即平定、寿阳、榆次这一条线。在没有铁路以前，人们运粮大都是以牲口驮运为主，运输量大，人畜辛苦，在南横口设站，大大减轻了井陉地区运粮的负担。铁路修通后北横口所有粮行运输全都改成火车，只有粮食货物到站后人们才

↓ 铁路水乡

用牲口驮运到粮行。

↑ 百年车站——翟家庄车站，南横口人100年前从这里走出井陉

正太铁路改线后，处于南横口绵河边近两千米铁路产业，如土地、车站、建筑等皆由南横口村民马趋礼收购。法国人修建铁路前，马趋礼已经因为经营瓷窑发家，因其瓷窑正处在修建铁路线上，修建铁路时法国人收购其瓷窑一座和作坊若干（现旧车站遗址处），加上其原有积蓄，成为当时南横口村的巨富。铁路改线后，马趋礼又从法国人手中收购回自己的地产，也顺便将其地产及车站等建筑收购到自己手中。马趋礼之后便进一步发展扩大自家产业，筑新寨，扩窑产，其所建新房现仍保存完好，是南横口现存古民居中排名前列的民居历史遗存。

天宁化工显真情

中华人民共和国成立后，南横口部分私人瓷窑归为县公产，特别是南横口西北部的几家窑场，位置偏远，不利于管理，且基本在公私合营后没有恢复生产。这些地产与房产为县公产，如不加以利用就是一种浪费，为了充分利用这些资源，井陉县政府决定在此筹建新的工厂，开始生产黑火药。黑火药属化学类物质，故将该工厂命名为井陉第一化工厂（现天宁化工有限公司）。

↑ 天宁化工有限公司，前身为井陉第一化工厂

起初，井陉第一化工厂生产黑火药是用最简单的生产方式、最简单的工具以及最粗放的管理方式，将土硝、硫黄、木炭以适当配比，用石碾碾压成粉，便成黑火药。因管理粗放，工人大多不懂科学，防范意识不强，曾出现过一次大的事故，导致多名工人被严重烧伤。在黑火药逐步进入安全生产后，第一化工厂又开始生产爆破用导火索和雷管，并单设厂房。为安全起见，这些所谓的厂房实为面积仅2平方米，高不过1.7米的小房。每个小房之间，前后左右都间隔七八米以上（防止出现大面积火灾和爆炸事故），每个小房内仅一人操作。为扩大生产和确保安全，20世纪60年代，井陉县政府将雷管车间搬迁至井陉小作镇，成立井陉第二化工厂（简称二化）。根据市场和国家需要，在雷管车间搬迁后，

第一化工厂开始转黑火药生产为黄火药生产。第一化工厂所生产的炸药为当时的社会主义建设作出了自己的贡献。越南战争时期，中国向越南援助的炸药有不少即为第一化工厂生产。第一化工厂在南横口落脚，不仅将南横口废弃的老瓷窑房产、地产利用了起来，助力井陉的社会主义建设工作，同时提高了当时南横口这个重工业区的经济和政治地位，也为南横口村民增加了一个就业选择。

1978年4月，第一化工厂因管理不善，再次发生爆炸。当时爆炸威力之大，让人想起就不寒而栗，相距十几千米外的北障城村所有村民家的玻璃全被震碎，第一化工厂所在地南横口及邻村北横口、铺上村、北张村、南张村都受到了不可想象的爆炸波冲击，门、窗等设施直接被震到地上，玻璃、摆放物件等更是一片狼藉，尤以南横口、北横口、铺上村受害最重。以南横口为例，距爆炸车间300余米处的南横口学校有两根约15厘米粗，长1米许的大碾铁轴被炸飞，插到学校的房顶上，至于其他地方，如麦田、街道因爆炸造成的飞溅物碎瓦、砖、石到处都是。庆幸的是，爆炸为晚上十一点多，路上没有行人，因此没有发生村民伤亡事故。

这次爆炸中，第一化工厂工人死伤20余人。事故发生当晚，南横口及邻村村民自觉加入抢救伤员队伍，特别是南横口村民加入抢救抢险的有50余人，挖土寻人的、抬人急救的都浑身泥土和汗水，这些参加抢险救援的村民皆已忘记恐惧和危险，一心只想救人，可谓“情同手足一家人，灾难面前见真心。救援不分厂和村，互助互帮主义真”。

军工入驻留美名

1956年，井陉陶瓷厂搬迁到南秀林村后，南横口除极少数瓷窑作坊因生产队搞副业生产瓷管等工业产品外，其余都大量闲置。

20世纪70年代，国家推行军工企业进山区的“三线建设”计划，“五四二”军工厂总部首先进驻南横口，对闲置多年的古瓷窑、古作坊进行修缮和利用。这些地方除“五四二”总部、各下属部门用于办公外，其他配套单位，如印刷厂、医院也都搬入南横口，并将闲置的瓷窑作坊利用起来。总部、医院、印刷厂各部门的工作人员则住进南横口村的各家各户。

↑ 五四二印刷厂旧址

因当时生活条件有限，“五四二”总部工作人员的后勤得不到充分的保障，特别是蔬菜等生活物资缺乏。而南横口人从不把这些军人家属、工人当外人，常常把自家有的蔬菜、厨具等送给他们食用和使用，而他们则把自己带来的水果糖送给村民，其乐融融，亲如一家。

“五四二”总部及下属的印刷厂、医院住进南横口后，南横口成为井陉县热闹非凡、众人瞩目的地方。“五四二”总部及印刷厂、医院的到来，首先把第一化工厂的自来水接引到南横口村，自此南横口人也吃上了自来水。印刷厂的开工让南横口的人们打开了眼界，目睹书刊印刷的全过程，了解工人印刷工作的不易，增进了自觉保护书籍的思想意识。

“五四二”医院的到来让南横口成为周边村庄和县域内其他乡镇的关注焦点。其原因就是“五四二”医院免费为南横口及周边的村民看病，可以说是来者不拒，为南横口积攒了好口碑。

“五四二”医院是军工医院，名医颇多，与当时农村的“赤脚”医生不可同语。这些名医主要用针灸治疗，一般不用拿药，且往往能手到病除。因此，当时到“五四二”医院看病的人非常多，特别是一些疑难杂症的患者，隔三岔五地跑来看病。受益的病人及家属对解放军的无私奉献、亲民近民的优良传统赞不绝口，“人民子弟兵，就是人民的子弟”“军民一家亲，病人如父母”。

“五四二”总部及印刷厂、医院的入驻，不仅让南横口人吃水、就医都更加方便，还丰富了南横口人的文化精神生活。“五四二”总部每周都要安排播放几场电影，后来又开始用黑白电视播放电视剧。电影、电视剧的播放是开放式的，自然引来南横口及周边村民的观看，有时距离南横口三四十里外的村民都会跑来观看。在那个年代能看上电影和电视剧，人们在惊叹、新奇之余，渐渐打开了视野，丰富了知识，并对自己的生活更加充满希望和憧憬。当时播放的朝鲜电视剧《卖花姑娘》的感人剧情，至今都让南横口人记忆犹新。

南横口人居住在井陉腹地的棋盘岭前端，两河环抱，怎奈耕地都高于河流，耕地灌溉成了难题，只能祈求神灵来护佑，多降雨、多产粮。又因粮食特别是细粮、副食的缺乏，生活较为艰苦，人们只能期待各种节日为生活增添色彩。因此，节日习俗与崇拜信仰对南横口人来说格外重要。关于崇拜信仰，南横口与周围村庄最大的不同就在于窑主们的信仰，家家窑场都奉供老君爷、火神、窑神，除定时上香祭拜外，每逢点火、烧窑必须隆重地举行祭拜仪式，窑主及家人、烧工都要参加。

↓ 2018年3月南横口庙会现场

第六章
民间习俗大观园

民间饮食有渊源

节日食俗

过年吃饺子　南横口村有过年吃饺子的习俗。比如正月初一、初二、初三的早上吃饺子。当然，包饺子的食材各不相同，面粉有粗杂精细之分，馅料荤素有别，可根据口味和条件进行不同搭配。饺子最早出现在东汉，据史料记载，由当时的名医张仲景所创，距今已有1800多年历史。

↑ 饺子

十子日吃十子蛋　正月初十为十子日，又名石头日。过去，这一天的中午要吃十子蛋，十子蛋用杂合面（谷子、玉米、豆类混合磨成，贫穷人家用谷糠和少量粮食磨成）捏成窝头形状，在窝头顶端用指头捅一个小坑即成，名为十子蛋。再选一两个十子蛋用筷子在顶端小坑周围依次捅十二个小坑，代表十二个月，待窝头蒸熟后看哪个坑里水多，据说哪个坑水多，哪个月雨水就大。有儿子的家庭做一个丫状十子蛋给儿子吃，丫状代表“顶门杠”，寓意儿子顶立门户。

元宵节吃元宵　正月十五为元宵节，但南横口村过元宵节一般也是吃饺子，只是比过年吃的天数多，有年三（顿）十五六（顿）的说法。

填仓节吃小米捞饭，喝杂面汤　正月二十五，旧称填仓节，也称天仓节，祭祀仓神。这一天南横口人吃小米捞饭，喝杂面汤，预示五谷丰登。

二月二吃龙须面 二月二，龙抬头。民间认为这天是龙抬头的日子，因此又叫龙头节。这一天吃杂面、抿须，叫吃龙须；包饺子，叫包龙角；吃春节、元宵节剩下的已经放干的供品，叫啃龙头。

端午节吃粽子 农历五月初五为端午节，俗称五月单五，又称端五节。民间这天祭祀屈原、伍子胥、曹娥、张天师、药王。人们包粽子吃，传说是为了纪念屈原投江。

中秋节吃月饼 农历八月十五是中秋节，又称团圆节。中秋节，人们举行迎寒、拜月、祭月等活动，祈求合家团圆幸福。月饼是祭拜月神的主要供品，以其形像圆月而取名“月饼”。

↓ 小米与蔬菜一起炖，也是南横口一道特色美食

腊八节吃腊八粥、腌腊八蒜 腊八粥，南横口人称“糜”，主料为黏米，加入其他多种原料，文火煨煮，加糖做成。农历腊月初八是腊日，俗称腊八，相传这一天是佛祖释迦牟尼得道的日子，佛教寺院俱施舍腊八粥以资纪念。因此腊八粥也称“佛粥”。另外，南横口村也有腌制腊八蒜的习惯，腊八那天将蒜瓣浸于醋内，封存十日后，蒜瓣颜色变为翠绿，即可食用。入口清脆，蒜香醋爽。

除夕吃年夜饭 过去生活条件艰苦，年夜饭极简单，熬小米粥，蒸白馍，弄一点小菜已很是不错。时下吃年夜饭是一项非常重要的守岁活动，满桌酒菜，鸡鸭鱼肉，一家人围坐，举杯欢庆，辞旧迎新。

特殊食俗

生病吃绝片 绝片即面片。村中旧俗，生病了要吃绝片，大概因为绝片好消化且能快速补充体力。之所以将面片称为绝片，意在让病人快点好起来，好与医生断绝来往。

过生日、祝寿吃面条 村中无论是给小孩还是老人过生日，一般主食都是面条，且越长越好，曰“长寿面”。

坐月子喝米汤 村中旧俗，妇女坐月子一般只喝米汤，且米汤熬得越稀越好，据说是因为产妇不能吃硬东西，喝稀米汤下奶快。随着生活水平提高，产妇饮食更加丰富，趋于科学。

民俗崇拜有遗风

在南横口村民俗文化活动中，崇拜活动源远流长，形式多样，内涵丰富，从侧面反映了南横口村悠久灿烂的历史文化。

↑ 民间信仰，过年供奉家堂、灶王、财神，桌上的香器都是当地所产

祖先崇拜

祖先崇拜源于灵魂信仰，村人通过建宗祠、挂族谱、供奉祖先牌位等纪念祖先。清明节、十月一、生日、忌日上坟烧纸，给先人送“换季衣服”、送“钱”、送“吃食”，来表达对先人养育之恩的缅怀，同时又期望祖先灵魂能庇佑子孙，福泽后代。

↑ 村民家中的土地神位

多神崇拜

南横口村人对多方神圣均有崇拜，表现在：家家修神龛，户户供神位。对自然神的崇拜，如天地、土地、河神；对民间神的崇拜，如福禄寿神、财神、门神、灶王爷等；对历史人物的崇拜，如刘备、关羽、张飞等；对行业神的崇

↑ 关帝庙庙会

拜，如老君爷、火神、窑神等。

凡是南横口经营陶瓷业的窑主，都供奉老君爷、火神、窑神等。老君爷又称太上老君，主管八卦炉炼丹，为助火之神。窑主为祈平安顺利烧出优质产品，都要求老君爷保佑。

村里的瓷窑或窑炉，都设有老君爷龛，大小不一，位置不定。有的在作坊内设置神龛供奉，有的设在窑厂的适当位置，有的设在炉窑门口的对面。设在自家窑炉对面的老君爷龛，一般高约2米，宽约1.5米，庙龛内有平台，平台上供奉着老君爷（正中间）、火神（左边）、窑神（右边），庙龛门两边贴对联，常见的有“火中炼黄金，窑内出佳品”等。村里凡是建窑烧制的家户，必须设庙龛拜老君爷，这也成为建窑生产中共同遵守的行规。

无论谁家，窑炉点火烧制前，一定要举行上供拜礼仪式。当时的供品常见的有馍馍、梨、石榴等。馍馍意味着顺顺当当、团团圆圆；梨寓意着烧制瓷器相互分离、互不粘连；石榴寓意着多子多财、金玉满堂。

供拜仪式一般在早晨举行，烧好香后，窑主带着自家的窑工和烧窑的师傅以及部分家人分为两排，窑主在前，跪拜行礼并带头喊：“点火啦！给俺们把窑烧好，出好产品，等住了火再吃大伙饭！”仪式完毕，点火开始，炉火旺起。

供拜仪式严肃隆重，过去家中妇女无论地位多高都不允许参加，因村里有种迷信的说法，烧窑用火属阳，而女属阴，于烧窑不利。

烧制数天，瓷器成熟后便停火，行内常说叫“住火”。住火之后，要吃大伙饭，即所有窑主家的男人和自家窑工及烧窑师傅一块儿吃饭。由窑主出钱请客聚餐庆祝，当时吃拉面居多。窑主和劳工不分主雇，一起动手操作起来。另外还有凉菜，如豆芽菜、黄豆等，放在一个大盆子里，大家不分你我，随便吃，那场面真是热闹非凡。偶尔有路人遇到这种场合，也不必客气，自觉地积极参与进来，想吃面自己挑，想吃菜自己夹，有乐同享，其乐融融。

每月初一、十五，还要上香上供，但仪式简单多了，由窑主家主事一人去办理。

每年农历二月二十五是老君爷的生日。这一天各家窑主掌柜特别重视，不惜钱物，烧香上供为来年祈福；集资请戏班唱戏以助兴，请邻村鼓乐队吹奏，欢天喜地，借此为老君爷祝寿。之后窑主赏钱，多少不限。最后燃放烟花，以示虔诚，期盼来年财源滚滚，事业有成。

↑ 虎是百兽之王，可以镇邪

动物俗信

南横口村主要的动物俗信有狮子、虎、鹿、鹤、喜鹊、鲤鱼等。狮子威武凶猛，能震慑邪祟、消除灾祸。狮子形象常出现在街道、房顶上。虎为兽中之王，能镇邪，其形象多出现在小孩的衣物、鞋帽、枕头上。鹿、鹤被传为“仙兽仙鸟”，现代人的大门照壁多用鹿、鹤图形，据说有辟邪、长寿、吉祥的意思，俗语有“鹿鹤同春”。喜鹊为吉祥鸟，喜鹊树枝叫，预示亲朋好友到来，有传说“牛郎织女鹊桥会”，俗语“喜鹊登梅”等。鲤鱼为吉祥物，有成语“鲤鱼跳龙门”“年年有余（鱼）”“鱼跃年丰”等。

色彩俗信

红色被南横口村人公认为吉祥色，传说能辟邪，因此在动土、上梁、合龙、婚庆、生育、病灾、砍树时，均用红布以求吉利，就连丧葬白事，也给“外支客”和事主家的小孩佩戴红布条以辟邪。黄色，历史上曾是帝王的专用色，民间以为高贵、神圣之色，因此常用于敬奉神灵，如黄表纸等。

↓ 婚姻大事要用红色表喜庆，黄色表神圣

石头俗信

南横口村民的石头俗信主要表现在住宅旁有丁字路口或大路，在自家外墙迎路一面设立一块石头，上刻“泰山石敢当”；大门对面有空穴或洞穴、山嘴等，刻石狮子以镇宅。

植物俗信

南横口村的植物俗信有村中古槐及梅花（寓意喜上眉梢）、荷花（莲花，寓意连年有余）、石榴（寓意多子多福）等。

↑ 花朵图案砖雕

数字俗信

南横口村民将对数字的俗信融入生活之中。数字三、六、九为常用数字，一般喜事的日期和时辰都在这几个数字中选择；五、七在确定房屋台阶时候多采用。还有一些谚语中的数字含有崇拜意义，如“初一的娘娘、十五的官”“闺女难得生初一，儿子难得十五生”。也有一些数字表示忌讳，如“七十三、八十四，阎王不请自己去”。六和八被现代人崇拜为“顺”“发”的意思，而四、七则被认为不祥。

↑ “吉”字图案砖雕

文字俗信

福　多用于照壁、门心、门上护栏板、条幅字头等。

寿　多用于老人中堂、寿日、寿衣、寿斗等。

此外，还有禄、祯、吉、祥、梅、兰、瑞、和、贵、亨、利、贞、文、良、恭、仁、德、信、孝等，不胜枚举，主要出现在门庭、厅堂、庙宇和取名等方面。

↓ “祥”字图案砖雕

诗词楹联文化村

↑ 咏狮联左侧迎门墩石刻

南横口村于2016年被评为中国诗词楹联文化村。这样的命名，对于南横口来说实至名归，因为南横口人自古尊师重教、重读、重习，仅清末民初时期村里就设有私塾数个，本村或外聘私塾先生五六人。村内文人墨客著书、作诗不少。然而由于社会动荡、战争动乱，古人遗留下来的相关著作少而又少，目前也只能从井陉县清代、民国等志书中查找，或从现存碑石、木刻古牌匾中收集。

↓ 咏狮联右侧迎门墩石刻

↑ 咏狮联左侧拓本

↑ 咏狮联右侧拓本

譬如清代马席珍所著《问樵山房诗集》《来青堂文集》这些书籍只存在于县志所载书之名录中，并无具体内容，而《送李巘臣明府回省录》则仅能查找到内容；马席珍所题的咏狮联至今仍完整保存。清三代帝师祁寯藻为马席珍家题的对联“春风大雅能容物，秋水文章不染尘”，虽然残缺但仍能辨识得出来。又如马祖泽所著的匾书，只是相传有过这回事，但书和书名及内容都得不到考证。只有近代马荫樾的作品《天目山之中国民艺》《马荫樾文艺作品集》保存较为完好。

对联撰写是南横口自古流传下来的一种文化传统，在历史的发展中偶有断代，但最终还是断断续续地传录下来。19世纪以来，这种传承又不断凸显出来。就现在来说，南横口逢年过节、生日满月、新居乔迁均会书写、张贴对联。至于诗词创作，村民新作也是不断出现，尽管今人之作已没有过去作品的严谨、合律、含义深远，但都是新时代下歌颂生活、描绘美好家园、抒发自我情感的一种手段。现将代表性的诗歌、对联辑录如下。

送李黻臣明府回省录

马席珍

陉口崎岖路不平，羽书屡次调精兵。
囊沙阵险谁怀古，背水功高此著名。
民本务农皆义勇，官能守土即干城。
出征命将知多少，侧耳倾听报捷声。
不弹此调已多时，天外飞来绝苗辞。
坐客无毡行素位，阳关有笛唱离诗。
暮云春树人皆仰，流水高山我亦知。
他日甘棠树何处，江东渭北两相思。

村名诗词之南横口

马彦生

南来北往商贾稠，　横水甘绵龙聚首。
口含宝地棋盘岭，　陶歌古唱声还留，
瓷韵今弹古村曲，　水丰地灵人杰秀。
镇邪扶阳盛世风，　美梦成真靠奋斗。

古村新貌

马彦生

古窑古坊笼盔墙，　老宅老院青瓦房。
泥曲器律今犹在，　陶瓷歌韵还传唱。
石滩芜场现平湖，　绿树红花理归艎。
文旅风吹今更好，　乡村振兴谱华章。

祁寯藻马家大院题联

春风大雅能容物，秋水文章不染尘

公路边牌楼石镌对联

老舍千重原本明清风韵

古窑几处昭然唐宋源流

公路边牌楼石镌对联

千秋雨露宋唐风

万里辉煌秦汉月

横批：钟灵毓秀

北广场牌楼石镌对联

左带绵右襟甘源逢左右

西引晋东领冀驿道西东

横批：瞻山依水

北广场牌楼石镌对联

横衢千载春风万里穿云路

口岸三河明月一轮绕石楼

北广场牌楼石镌对联

窑厂研石古今气象凭彰显

白瓷清釉中外光华任远思

名门木刻对联

小康始定葵同向

大梦终圆月共明

名门木刻对联

春风暖播葱茏地

秋月香浮潋滟村

名门木刻对联

秦风汉月千门晓

驿道商家九陌新

新戏楼对联

甘绵波清龙起舞

陶乡梧碧凤还巢

↓ 瓷乡雪韵

中国民间文化遗产抢救工程
THE PROJECT TO CHINESE FOLK CULTURAL HERITAGES

1989年以来，考古专家陆续发现井陉窑隋至清代的窑场遗址12处，包括天长、河东、东窑岭、梅庄、南秀林、南横口、北横口、冯家沟—天护、北陉、南陉、南防口、北防口，揭开了井陉窑完整的生产发展的辉煌历史。南横口窑址是井陉窑的重要组成部分，传承古窑文化、再现古窑荣光是南横口人义不容辞的责任。近年来，南横口坚持修旧如旧、整体容貌风格不变的原则，加强基础设施配套和整治，使南横口重焕光芒。

↓ 井陉窑广场

第七章
薪火相传促文旅

古窑发现与复查

井陉窑遗址南横口窑区位于井陉县秀林镇东北南横口村东、村北，甘陶河与绵河交汇的台地，隔绵河与北横口窑区相望，平涉公路从窑区南北向穿过，距井陉县城微水5千米。坐标北纬38° 00'05"，东经114° 05'59.8"，海拔224米。

古窑遗址再发现

1999年12月河北省第三次文物普查、复查时在南横口村东临甘陶河100余米的大断面上发现四层文化层，其下尚不到底。（1）现代层0.20米以上，陶瓷生产层，地表堆积着成品，作坊在生产，窑炉在点火烧制瓷器。（2）层厚0.3—0.6米，清后期民国层，于边缘见有青花褐彩双果纹碗、盘片，黑釉碗片，一件带灰色碗片。（3）层厚0.6—1.2米，见双色釉碗片，化妆白瓷碗片，白釉、黑釉宽圈足片等，为质量高于清代的元明时代层。（4）金元时代层，见白釉点彩碗片、唇口，罐片等。（5）层以下并不到底。故暂将该遗址定为1处金、元、明、清、民国时期的窑址（《初论井陉窑》，孟繁峰编著，人民出版社2020年版）。

2015年春天，原井陉窑考古队领队孟繁峰教授，井陉县委史志办何克宁，井陉县文物保护管理所康金喜、胡秋明等组成井陉窑复查队，对井陉窑12处古窑遗址实施全面复查：一是查看井陉窑自发现以来近30年的保护情况；二是看是否有新的发现。南横口窑址群是这次复查最重要的成果。通过调查发现，南横口村能看到和说出窑址出处的晚期窑址有80余座（处），且各窑都有字号，故他们对有一定历史价值、研究价值且保存比较完整的窑址进行编号，发现遗存较为完整的窑炉作坊，原窑字号为“庆余成”。在对南横口窑址进行复查时，在3号窑和4号窑的南部又新发现窑址文化层，见有宋代白釉大碗，器型敞口斜腹高足，酱釉三条筋瓜棱罐，所以将南横口烧窑时代提前到宋代。南横口窑址总面积71400平方米。

为使南横口的旅游产品提档升级，让更多的人认识了解井陉窑文化，经井陉县文化广电新闻体育和旅游局批准，对井陉窑南横口遗存晚期遗炉进行清理，清理工作从2020年11月1日开始至12月19日结束，本次清理主要是保护性清理，将影响古窑址安全的

↓ 馒头窑

窑顶杂草树木，窑址废弃后在窑炉顶堆积的渣土，窑室、烟囱、火膛、炉坑、出灰口、抽灰道填充的现代垃圾进行清理，恢复窑址的原来面貌。

《初论井陉窑》出版

井陉窑是历经隋、唐、宋、金、元、明、清等朝代，分布面广、烧造时间长、文化内涵丰富的大型瓷窑址集群，与邢窑、定窑、磁州窑并称为“河北四大古窑”。井陉窑遗址对汉族陶瓷工艺发展状况的研究有重要价值。井陉现保存较完整的井陉窑遗址有12处，是第五批全国重点文物保护单位。井陉窑遗址的发掘为研究白瓷的形成与发展、冀晋窑口关系等提供了新的历史资料，在中国北方陶瓷发展史上具有重要的历史研究和艺术欣赏的双重价值。

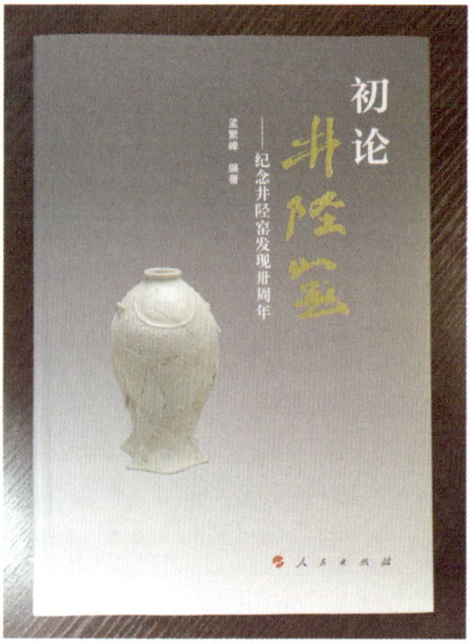

↑ 孟繁峰著《初论井陉窑》

作为井陉窑的发现者，孟繁峰教授将自己20余年的考古研究成果汇总在《初论井陉窑》这部专著之中。《初论井陉窑》的出版发行仪式也选在南横口举行，这不能不说是井陉窑的一件大事，是南横口的一件大事，是孟教授牵挂于心的一件大事。

孟繁峰为河北省文物研究所研究员，1982年毕业于河北大学历史系，主要从事古文献研究和考古调查勘探与发掘工作，也是井陉窑的发现者。多年来，为了进一步发掘和深入研究井陉窑，他去现场调查勘探无数次，虽然过程辛苦，但每取得一点进展，他都兴奋不已，退休后也没有放下对井陉窑的发掘和研究工作。特别是2015年对南横口窑址的复查，推动并成就了南横口以后的发展，从某种意义上说，复查也成全了《初论井陉窑》的出版。这本书是对井陉窑研究工作的总结，为南横口古窑的进一步研究提供了翔实的资料，也为古窑得到更好的保护提供了思路。

↑ 河北省文研所教授孟繁峰和南横口马家大院留守后人马团保（2015年摄）

这部书对井陉窑遗址的发掘和意义，以及井陉窑技艺、瓷器的特色和发展等方面进行了全方位的论述。这些内容真实地反映了井陉窑的实际情况，井陉窑不是定窑，也不是邢窑，它有自己独特的特点和创造发明。孟繁峰也在这本书中提出了新颖的观点，并对井陉窑下一步走向哪里进行了思考：希望能够建立井陉窑遗址博物馆，建立井陉窑实习园地，为当今的陶瓷生产提供更多经验，开发新产品，促进陶瓷文化的发展。

文史界、文物界、陶瓷界的专家学者对《初论井陉窑》这本书给予了高度评价。他们认为，这本书全方位展示了井陉窑灿烂的历史文化，反映了井陉窑深厚的文化底蕴，具有极高的学术价值，对进一步挖掘、研究和推动井陉陶瓷文化发展起到了积极的促进作用。这是系统介绍研究井陉窑文化的第一部著作。这本著作既是一部资料书、工具书，也是研究井陉窑文化的扛鼎之作、开山之作。

传承保护勇担当

筹备博物馆，创建工作室，重视手艺人，传承老瓷号，开创文化街，举办博览会……近年来，南横口逐渐成为陶瓷研究和产品烧制的理论研究和实践新基地。

井陉窑工作室

自1989年井陉窑遗址发现以来，文物工作者经过数十年的考古调查、勘探与发掘，基本了解井陉窑的烧制时代、分布范围等信息，确立了井陉窑举足轻重的历史地位。然而，令人痛心的是，井陉窑在社会上缺乏关注度，人们对井陉窑的认知非常有限，也缺乏一个适当的地方将征集、收藏、采集、发掘的井陉窑器物进行陈列、展示和宣传。

基于以上难题，2018年南横口村组织专家、学者进行深入研究、发掘和保护井陉窑文化；创办刊物，组成《井陉窑》期刊编辑部，分栏目、选计划，系统编排，重点刊登，逐步提升井陉窑的知名度和社会认知度。2019年3月，南横口村利用南横口学校旧址五个教室筹建集拉坯体验、练泥、陶瓷制作、上釉、烧制为一体的“井陉窑工作室”，购进气窑、电窑各一台以及拉坯机50台和其他相关设备工具。同时聘请南横口村及外地制瓷师傅进行井陉窑产品的传承、研发和生产。传承人马彦军现为工作室骨干成员，其父亲马来喜、祖父马家振、曾祖父马清海（马玉秋），四代人皆是陶瓷生产者。受父亲马来喜的影响，马彦军在很小的时候就对陶瓷生产产生了浓厚的兴趣，高中毕业后便直接进入陶瓷厂工作，经过多年的工作，他全面掌握手工制坯、机器制坯、注浆制坯、制模、上釉、烧制等制瓷工艺技术，潜心研究复烧老窑代表作品。同时拉坯体验馆也对外开放，累计已有近万人次体验，为传承陶瓷制作技艺作出了贡献。

2022年7月，位于南横口高家岭的井陉窑博物馆开馆。该馆采用传统馒头窑造型，又结合现代元素，成为南横口新的地标，矗立在甘陶河西岸。夜晚，灯光亮起，井陉窑博物馆美轮美奂。馆内展品从井陉窑开始烧制瓷器的隋代至民国以及近现代，主要体现釉色、器物种类、工艺、装饰技法等。釉色有白、黄、褐、酱、黑釉。器物种类有碗、盘、罐、瓶、壶、瓷枕。装饰技法有印花、剔花、刻花、绘花、点彩、戳印点彩。以上装饰技法多见于碗、盘器物，如白釉印花碗、黄釉印花盘、白釉剔花碗、白釉剔花盘，此类装饰技法是井陉窑制瓷工艺中特有的技法。在以往的采集、征集、发掘中看到仅印花一项就有十几个品种，印花是把所要表现的各种纹饰预先刻制成模具，而后压印在坯件未干的器物内壁上，待器物干后上釉烧制而成。印花纹饰多有寓意，如黄釉印花龟鱼盘，底部印水波纹与龟、鱼，腹部印龙凤、瑞兽，沿部印蝙蝠；白釉印花，如双鹅戏水园景图，其莲花纹，博古四季花卉纹，缠枝莲花纹等都寓意美好。其他剔花、刻花、绘花亦如此。点彩、戳印点彩多见于白釉碗，在碗内底心和内腹部，三、五、七、九点一组的各式图案，给人以灵动、淡雅而不俗之感。

最能体现井陉窑装饰技法的要数瓷枕，瓷枕有长方形、半圆

↑ 井陉窑博物馆

↑ 井陉窑博物馆夜景

形、元宝形、荷叶形等。在枕面、周壁以印花、刻花、剔花、绘花、点彩、戳印点彩技法装饰，如白釉刻画水波纹瓷枕、白釉戳印花朵纹瓷枕、白釉刻绘戳印花草枝蔓纹瓷枕、白釉刻绘戳印卧鹿纹瓷枕、白釉刻绘戳印蝴蝶牡丹奔鹿纹瓷枕。这些都是井陉窑的精品，也最能体现井陉窑工艺与装饰技法。

看到瓷枕，人们一般会想到这是墓葬的用品，其实瓷枕并非墓葬专用，古时候，它也是家庭生活的必需品。“巩人作枕坚且青，故人赠我消炎蒸”（张耒《谢黄师是惠碧瓷枕》）说的就是瓷枕。试想在炎炎夏日有一个瓷枕纳凉，清凉沁肤、爽身怡神，是多么的惬意。只不过在家庭生活中这些东西常保留不到现在，大多在墓葬或遗址中才能看到。

博物馆还展出明、清时期青花罐、瓶、壶、碗等器物，其中不乏南横口窑出土的瓷器。器物上题记的字号、年款与调查南横口烧窑历史相吻合。如白釉彩绘松凤壶，题记：陉山丰记、癸未（清康熙四十二年）春作；白釉彩绘喜鹊登枝觅食图提梁壶，题记：陉山德胜厂出品，庚午（清乾隆十五年）春月作；蓝釉开光罐，一侧开光提记“八大山人”，一侧开光青花绘山石月季喜鹊登枝图，题记：事逢得意宜休息，富贵场中宜白头，无年款；白釉彩绘凤鸟登枝图罐，题记：陉山德胜厂出品，壬午年（清康熙四十一年）秋月作；白釉提梁壶，题记：味有余香，庆余成瓷厂出品。

据对南横口近代制瓷调查，古瓷窑还有字号“厚德堂”“昌盛堂”“东丰记”“积善堂”等。有青花四季平安罐、白釉青花梅瓶等。另有极具收藏价值的革命文物瓷暖手，题记“把小日本赶出中国去”。这些都是南横口近现代瓷厂的作品，有一定的历史、艺术、研究价值和教育意义。

“陉山聚记”与井陉窑标本馆

“天工开物龙窑火，屋土抟泥大匠风”，这副刻在“陉山聚记”手工作坊门口斑驳木板上的对联，似乎预示着井陉文化将携带它千年的烟雨风尘，薪火相传，再次璀璨绽放。

“陉山聚记”是清至民国年间出现的一家老字号，与庆余

↓ 远眺井陉窑博物馆

成、小西窑、陉山丰记、陉山德胜厂为同时期南横口窑的主要家庭作坊。根据史料记载和留存下来的作品来看，陉山聚记主要生产民用茶器、药器，以生活实用器具为主，大多应用在劳动人民的实际生活中。其技法以彩绘为主，绘花鸟，还多配以诗句。从历史发展来看，陉山聚记虽然不是大的窑口，但代有传人，至今仍有余音。

1985年，李怀林到井陉陶瓷厂工作，师从陉山聚记窑号烧制匠人许清喜学习陶瓷制作，对陉山聚记的作品和技法十分熟悉。20世纪90年代后期，出于对“陉山聚记”老字号烧制技法的仰慕，李怀林在自家的老宅院重新恢复了陉山聚记手工作坊，亦专门研究陉山聚记存世不多的作品及其烧制技法，建立“陉山聚记”工作坊。

↓ 陉山聚记

除此以外，李怀林受河北省文物研究所孟繁峰研究员的影响，开始研究井陉窑标本，对井陉窑的时代特征、传承和流派做了较详细的整理。2019年8月，在河北省博物院举办“重华窑光——定窑、井陉窑标本对比展”，打开了人们重新认识井陉窑、研究井陉窑的一个窗口。

↑ 井陉陉山聚记瓷号“燕赵老字号”牌匾

李怀林的儿子李伟由于多年的耳濡目染，也开始学习陶瓷制作。李伟先是跟父亲初识瓷器，2017年正式拜马杜清为师。马杜清是南横口人，家传祖业窑炉一座，年轻时随父辈烧制瓷器，其技法、器型皆以陉山聚记为衣钵，制作了不少构思精美的茶壶、盘、碗。公私合营后，马杜清在井陉陶瓷厂工作。马杜清悉心教诲，李伟虔敬求学，陉山聚记后继有人。

马杜清老先生告诉李伟：“拉坯要先学会揉泥，反复揉，把气排完，现在用拉坯机，以前是拨轮，一个惯性。好技术的人能拉七个大碗，全靠熟练。泥揉好才好用，两个拨轮机，一个拉坯，一个修坯，不间断拉坯、修坯，提高成品率。”为了学好井陉窑烧制技法，李怀林和李伟父子还前后参加了河北美术学院非遗烧造班，经过学习，他们对井陉窑历史、烧制技法、型制创意、非遗数字化、现代经营管理等方面都有了新的认识和提升。

从目前挖掘的标本看，陉山聚记作品的主流是日常生活用具，如茶壶、茶碗、盘、碗等。这些用具在文化消费水平日渐高涨的现代社会，逐渐延伸为以茶器、花器、酒器等为主的实用与观赏并存的家居器具，很有市场前景。

井陉窑标本馆收藏的瓷碗

井陉窑标本馆收藏的瓷片

陉山聚记手工坊

井陉窑标本馆

陉山聚记手工坊素烧的聚记半成品

陉山聚记出品茶叶罐

陉山聚记藏品

陉山聚记传承数百年，形成自己独有的特色和风格，现日渐发展的陉山聚记手工坊，已经在学术界、井陉窑烧制艺术文旅产业、博物收藏等方面产生了很大的影响，加强对其保护和利用，对于传承弘扬井陉窑传统，挖掘研究井陉历史文化，促进井陉现代陶瓷业，以及新经济背景下文化旅游业的发展都具有十分重要的意义。

“陉窑”工作室

2015年，于会明凭多年陶瓷生产管理经验，立足于井陉窑陶瓷文化传承，借南横口古村落保护和利用的机会，在垴子街自家院落（原南横口瓷窑老字号“庆源成”所在地），招商引资50万元，建成以液化气作为燃料的现代窑一座，并创立石家庄市陉窑陶瓷有限责任公司。近年来该公司经投资人崔国新和焦辉的共同努力，又陆续增资200余万元，不断完善各项生产设施，建成了南横口自公私合营以来第一条较为完整的手工拉坯生产线，将古法制陶工艺和现代机械化生产相结合，使手工制陶工艺得以恢复和传承。公司聘请有三十多年陶瓷配方经验的马运芳师傅为总工，招聘了五名雕塑专业的大学生设计造型，选用太行山腹地井陉绵河流域特有的青矸、子木节、硅石以及杨树岭白土，不断探索研究陶瓷工艺和产品设计，目前共开发泥料配方十余种，天然原矿釉三十余种，丰富了产品的色彩，相对于传统的一元化泥料配方有了较大突破，深入研究了釉料发色与胎体、烧成之间的关系，利用本地化妆土白釉、酱釉和黑釉传统发色的基础上，实现了天目、油滴、兔豪以及茶沫效果的可控，填补了以前本地偶有烧成

中国民间文化遗产抢救工程

编号：214

燕赵老字号普查认定工程

荣誉证书

石家庄陉秀陶瓷有限公司：

经专家委员会审核认定，特将“井陉庆源成瓷号”列为燕赵老字号保护名录项目。

中国老字号文化研究中心
河北省文学艺术界联合会
河北省民间文化遗产抢救工程专家委员会
二〇一九年十一月

↑ 井陉庆源成瓷号列为燕赵老字号保护名录证书

但没有掌握烧成技术的空白；在手工拉坯、修坯精雕细琢的基础上增加了素烧工序，再施以纯天然原矿釉，经1300℃高温烧制出窑，工艺复杂，品质优良，作品具有很高的收藏价值，特别是手工壶在石家庄地区处于领跑地位，可以与宜兴手工紫砂壶相媲美。该瓷号的产品有以多种文创题材茶器为主的几大系列：中山壶套装、中山煮壶、大漆工艺杯、浮雕把杯。目前申请外观专利7项，产品多次获得各类文创大赛奖项，2017年公司被河北省工业和信息化厅评为“河北省A级工业企业研发机构”，生产的“有容杯”在2019年第四届河北省和第五届石家庄市旅游产业发展大会上被指定为伴手礼。2019年获河北省第四批“专精特新”中小企业认证，2019年井陉庆源成瓷号被

↓ 庆源成瓷号产品

列入河北省第四批“燕赵老字号”保护名录，2020年雄安新区河北非遗馆收藏并展出陉窑陶瓷产品，2021年陉窑陶瓷产品进入河北省博物院商用大厅展出。

“真定堂”工作室

2019年，中国美术家协会会员、河北省美术家协会陶瓷艺术委员会主任，河北美术出版社总编辑、编审田忠先生在陶瓷水镇南横口自建“真定堂”陶瓷工作室，进行艺术陶瓷创作。田忠，河北邯郸人，毕业于中央工艺美术学院（今清华大学美术学院）陶瓷造型艺术设计系。其陶瓷等艺术作品多次获得国内外大奖，特别是对古代陶瓷工艺的化妆土工艺多有研究。真定堂陶瓷工作室致力于对

↓陉窑中山茶壶

极具特色的井陉窑化妆土工艺技术进行研究，对现代化妆土工艺技术进行实践，尤其对井陉窑陶瓷传统工艺的全方位的研究和复烧是其追求的方向。他们汲取当代艺术理念，贴近生活、手工制作、精益求精，创作出富有时代感的新井陉窑陶瓷艺术。

井陉陶瓷文化街

望明山揽秀水，物华天宝；

依古道傍两河，人杰地灵。

中国传统村落南横口，得天独厚的山水风光可观可赏，保存完整的井陉窑遗存可研可考，陉山聚记等老瓷号新作坊可做可玩，马席珍、马作霖等一批仁人志士的家国情怀可敬可佩。历经千年的陶

↓ 陉窑手工壶

瓷水镇，如今重焕光辉，成为集休闲度假、陶艺体验、旅游研学、文化娱乐等为一体的文旅综合体。

陶瓷文化街位于南横口核心区位，街区东西走向，呈带状布局，错落有致，疏密有序，形似“如意”，内涵“吉祥”。主街、副街有序呼应，一步一景，移步换景。东望甘陶清波，秀林春色；南侧渠水相护，宛若玉带；西部平涉大道，生机盎然；北部古村悠悠，屋舍俨然。

陶瓷文化街，正以“古韵·新咏”的清雅姿态，寻觅井陉千年陶瓷文化的当代表达，致力于创建全时段、全业态的新型陶瓷文化综合体，打造经济发展新样板，塑造乡村振兴新典范。

这里有古窑文化，这里有经典非遗；这里有大师珍品，这里有匠人佳作；这里有旖旎风光，这里有舒适民宿、美味小吃……

净如意，如意行，如意井陉，我在陶瓷文化街等你。

↓ 井陉窑陶瓷文化街内部

附录

附录一 南横口的传统陶瓷字号

（1）庆余成（窑主马清华，6号、7号、8号、9号窑）

（2）庆义成（窑主马清佑、马清彦，3号窑、4号窑）

（3）庆源成（窑主马清元）

（4）厚德堂（窑主马德辅，2号窑）

（5）顺德堂（窑主马润霖）

（6）积善堂（窑主马庆寿）

（7）福顺堂（窑主吕德寿、吕顺喜）

（8）瑞成永（窑主吕恭）

（9）致忠和（窑主马清波）

（10）昌盛堂（窑主谢存义）

（11）忠义堂（窑主马庆祥）

（12）德余成（窑主马铭馨）

（13）承德堂（窑主马清智）

（14）得录堂（窑主马清雅）

（15）义顺堂（窑主马世昌）

（16）东丰记（窑主马德建）

（17）西丰记（窑主马祖述）

（18）积玉堂（窑主马桂香）

（19）德胜堂

（20）复成窑

（21）瑞信昌（窑主马铭元、马来喜、马彦林）

宏生碗店

据南横口村老人马锁庭、刘拉捧夫妇回忆，1949年以前，南横口陶瓷业在石家庄经营店铺的有三家，一家是马昌喜家，一家是吕双喜家，还有一家是马济霖的瓷场设在石家庄的一个店铺，名叫“宏生碗店”，该店地址位于石家庄市老火车站与胜利路中间，民生路北。店铺门面占地40余平方米，院内面积700余平方米，主要以经营自家生产的碗、碟、瓮、瓷管、耐火砖等日常生活用具为主，兼具零售和批发，年营业额数十万元。店铺由马济霖的侄儿马全喜负责经营管理，当时学徒伙计一共有4人，除马锁庭外，其他三人分别是郝德义（南张村人）、贾沛功（正定县人）、闫栾柱（平定县人）。当时的伙计与老板是学徒雇佣关系，伙计称为劳今，店铺负责劳今的吃穿住等生活用度，不向劳今支付工资。1949年以后，在政府的支持下，宏生碗店逐渐兴隆，成为石家庄地区较为有名的店铺。1956年，在政府的号召下，宏生碗店走上了公私合营之路，与石灰业、煤炭店合而成为合营公司的中心店，马全喜任副主任，马锁庭、刘拉捧夫妇也成了合营公司的职工，开始领上了工资，马锁庭每月工资约为30元，刘拉捧每月工资约为10元。合营后，店铺的经营范围逐渐扩大，由较为单一的陶瓷产品转为煤炭、石灰等物资。

昌记碗店

昌记碗店位于鹿泉县城，以经营碗、盔、盆、杂货为主，由本村人马世昌开设，其后代定居鹿泉县城。南横口经营瓷窑业家族在鹿泉县城还有多家店铺，由于时间久远，详细情况未收集到。

附录二 碑刻 匾额文书①

历史见证物是劳动人民智慧的结晶，浓缩着文化底蕴，沉淀着文明的精华。这其中包括碑刻、匾额、文书等。工农联盟碑凝聚着工人和农民的深厚友谊，是历史的最好见证；古色古香的匾额展现了南横口人真挚的情感与深厚的文化积淀。陶瓷水镇南横口能变成今天这样，除得益于得天独厚的地理位置和充满智慧的人民外，更得益于党和政府的好政策，改变了破旧不堪的旧面貌，使村容村貌焕然一新。

工农联盟碑

碑高128厘米，宽53厘米，厚20厘米。

查南横口东临甘陶河，居民住宅紧靠河畔。在一九六三年八月间，阴雨连绵，数日不止，河水上涨，由于陶河铁路大桥桥身太短，水流不畅，终将桥西路基冲开，猛向居民住宅冲去，将居民住宅数所随水而去，河岸居民惊慌出走，四处逃散。如不筑堤，社员势难久居。

经申请，铁道部核准修堤。修堤一道长达二百余米。幸铁道部华北铁路局二处第四队工程队，在修桥之际，鉴于危急之状，

↑ 工农联盟碑

①本部分资料均为一手资料，为保留资料原貌，不作改动。

即修筑护村堤开工之日，上至领导，下至工人，具有共产主义之风格，各个争先恐后，埋头苦干，使工程进度非凡，不匝月，全部告竣。尤如铜墙铁壁，坚固异常，人民住宅安如泰山，故全村居民欢欣鼓舞，感激万分。设非新社会共产党之英明领导，焉能有此壮举，居民焉能如此之幸福。全村居民为巩固工农联盟，永志不忘，特立此碑鸣谢，以垂不朽。

公元一九六四年六月 井陉县南横口生产大队

忠义师表碑

碑高163厘米，宽66厘米，厚22厘米。

千古忠义照日月，万代丰碑雄古今。

南横口村东临甘陶河畔，北依绵河南岸，出口与甘陶河汇合而流，俗称二龙合口。石壁合围，大道而伸。关圣大帝庙矗于石壁之上，坐落大道中央。面南而居，呈一圣当关，邪魔莫入之势，村落因之赫然而威。圣庙年久失修，更著战毁，败瓦颓墙，枢牖散失，圣像供和无存，其破败之状，有失村落之雅，思改观，乃此辈之任。为弘扬民族之精神，保护历史之文物，倡议光复圣帝庙者，不一而足，知贤达理者慷慨乐施。宇末仲春，众民济济献力，挽瓦筑墙，修复门窗，雕梁画柱，壁画如其，匾额高悬，庙宇焕然一新。至隆冬始，塑金身，灯火辉煌，昼夜兼工，关帝圣像，英姿魁梧，忠义之气溢于其表，周关二将，不怒而威，凛然屹立，虎虎如生。岁末竣工，庙宇秀巍，村貌和谐，民众欣然，为表彰义举，立碑铭志。

主办 马子英 马庆寿

立碑日 一九九二年十一月十一日立

重修关帝庙志碑

碑高163厘米，宽66厘米，厚20厘米。

关圣大帝与刘、张结义，生死与共，匡扶汉室，为汉蜀，汉、吴成于鼎足，功昭日月，义结千秋，众口皆碑，故不赘言。关帝罹难尽节，自后主追谥，历代加封，至清宣宗追为忠义神武灵佑仁勇关圣大帝，使庙遍天下，堪为乡间盛事。

修庙总管高六清 管理兼会计贾志忠 撰书 马根娃

塑像 蒋大树

美工 高竣苹

刻工 段彦林 马六全

立碑时间 一九九二年五月

重修关帝庙碑记碑

碑高163厘米，宽66厘米，厚20厘米。

关帝庙位于吾村南北适中之处，面向石太线，临甘陶河，拱券与殿顶巧妙结合，雅俗共赏。圣人英灵，释放善意，保护一方风调雨顺，人寿年丰，乡和族睦，人杰地灵。

捐款人（略）

经理 马忠喜 马六清

撰文 马治霖

书 马占春

立碑时间 二零一二年五月

公证碑

碑高150厘米，宽60厘米，厚20厘米。

相传马峪一男子马某用驴驮粪往地里送，走到半路碰上王氏。路本来窄，马某既不喊牲口，也不放慢速度，驴把王氏挤到山坡下，摔成重伤。经马峪村公所调解无果。后来两家来到南横口公证碑前，马某心虚，说了实情并赔偿了王氏（据说，南横口有人在朝居高官，又传公证碑是包公附身，十分灵验）。

其他还有大世纪碑、村史碑，1963年8月被洪水冲毁。

老母庙功德碑记

考吾村老母庙，始于唐盛于明清，一千三百余年史，处古村口三眼阁上，旁有文章爷庙、戏楼、龙王爷庙。惜一九六三年毁于洪水。众信善者曾一度原地叩拜老母，后奉供至拐角楼，幸二零一六年，陶古村保护工程启动，县政村筹定，原地复建老母庙、戏楼、龙王爷庙，新广场择地重建，于二零一七年建成竣工，还众生夙愿。

新三眼阁，石料水泥铸成，坚实抗洪，上坐老母庙，石雕围栏，画梁斗拱，明柱飞檐，四周回廊，河边石径斜通广场，龙王爷面朝陶河，高大戏楼坐南朝北，古木结构，飞檐斗拱，气势恢宏，宽阔广场北入口矗石雕楼牌，巨型浮雕，陶图影壁横于戏楼对面。石雕花栏围绕广场，并重修五道爷庙，八仙洞。名胜景观，比连贯穿，呈一道观光风景线。

幸盛世弘工，光泽乡里，遂募集善款，重塑圣像，民众踊跃捐资，贤达慷慨解囊。时丁酉年六月，开光盛典，唱戏庆贺，弘业终成圆满。

昭告布施，富足安康，泽惠后人，事业永昌。

宏图盛举，功德无量，树碑载册，万古流芳。

南横口村

公元二零一七年撰立

马氏迁茔碑志

南横口村马氏家族因正太铁路开建，迁坟，立碑为记。

南横口村清泉社九甲。

从来择地迁茔，古今恒有，是皆有因而致。绝□无故而然。余族马氏，立村西坟茔地，自前明以及本朝数百年来，安葬于此处。因穴□偏窄，本支迁葬于红桥头，已数世矣。而后，本支又有□徙居村北八里许。

匾额

“萱堂春永”木制祝寿匾，为马贵香祖母八十寿辰，由乡亲拜赠。长140厘米，宽61厘米，厚2厘米。上书“萱堂春永”，上款为大阃范马母郝太君八旬荣寿，落款为中华民国十年（1921），葭月中浣，榖旦。眷乡亲谊仝拜赠，正下方有57位亲友签名。此匾为阴刻横书，蓝底金字，保存完整，现存于马风庭家中。

↑ “萱堂春永”

“副榜”功名匾，曾悬于马家大院南院一门楼，今已不存。

“黉门拔萃”旌表匾，曾悬于马

家大院南院二门楼，今已不存。

房契、地契、当契、揭帖

南横口村现存地契、房契、当契、揭帖等文书十余份，择其不同种类简述如下：

立换契人马席珍，今将自己房院一所计北平房三间、南平房西间、大门院墙中厮一切在向，凭族侄马重说合，情愿换马儒珍堂弟名下为业，恐（空）口无凭，立换契为证。

东至道，南至道，北至谢得贵，西至马思禄

咸丰六年

中人堂弟马毓岚

立卖契人马丑小，因乏用，今将自己高家岭地一段一亩，东至马郝氏西玉道，南至马荣子，北至马荣子。今凭说合人做成，出卖与马整年名下为业，言明卖价麦子五庄，小米五庄，其麦米当交不欠，恐（空）口无凭，立卖契为证。

元地元粮

说合人 马二娃

中见人 马富贵 马计年

中华民国三十五年十二月十七日

立卖契人高步芝，今将自己狼神滩地一段，房一所二亩，坐落井陉县第五区，北秀林村，凭监证人高二元说合，情愿卖与马大成名下，永远为业，言明卖价银元三十四元整，笔下交清，并无短少，日后如有别项纠葛情事，具有说合人一面承当，与买主无干，恐（空）口无凭，立据为证。

计开

东至 贾五忙

南至 贾雪雪

西至 程瑞小 马祖述

北至 马双子 正太路

中则地〇顷二亩〇分〇厘

水道在西边马祖述堤内南边所走，地道在南边所走

监证人 高二元

立卖契人 高步芝

中华民国二十六年二月十六日 井陉县政府给

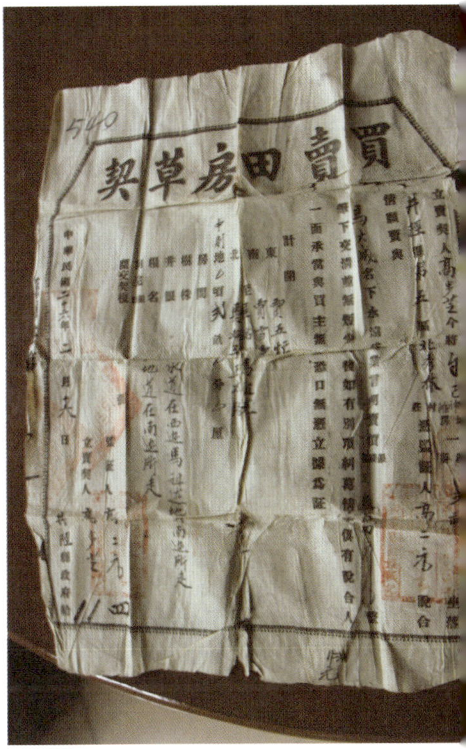
買賣田房草契

↑ 买卖田房草契

立当契人马门郝氏，因正用，今将自己高家岭地西半段二亩，东至当主，南至贾密成，西至顺德堂马丑小，北至顺德堂，四至分明，各依旧界，今凭说合人马永作成，情愿当典马振年名下为业，言明当价，麦子一石八斗（老斗），四年回地，随平粮八分八厘，共五百八十五斗，道在东半段地边所走。

中人 马贵祥

民国三十三年八月二十二日立

立揭帖人马桂香，因欠项困难，今揭到马振年名下国币洋四百元整，言明每元一月按四分生息，十个月为满，到期本利交还，如还不到，有己岭头地连段三亩，许债主为业，恐（空）口无凭，立字据存证。

保人 马二娃

民国三十三年四月八日立

↓ 揭帖

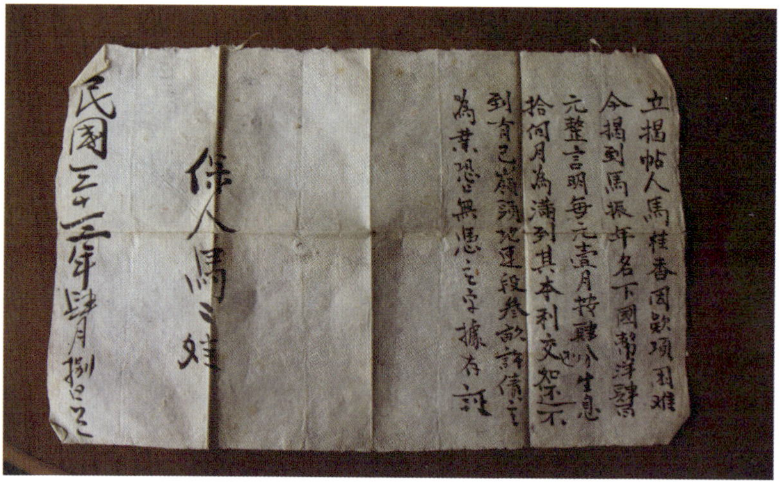
立揭帖人馬桂香因欠項困难
今揭到馬振年名下國幣洋肆百
元整言明每元壹月按肆分生息
拾個月為滿到其本利交還如不
到有己嶺頭地連段叁畝許債主
為業恐無憑立字據存証
保人馬二娃
民國三十三年肆月捌日立

后记

2014年6月接到中国民间文艺家协会通知，要求各地文联立即开展中国传统村落立档调查工作，我们及时向井陉县委、县政府主要领导汇报，时任县委书记田耀锜非常重视，给予关心和鼓励支持，文联迅速发动县民间文艺家协会、摄影家协会、离退休老干部老教师及亲友成立了井陉县传统村落立档调查志愿者工作队，又迅速发动乡镇村在各村成立调查小组，县村志愿者工作队和村调查小组，先后分别调查了76个村落，南横口村是重点立档调查的村落之一。

7月开始，大家进村入户，实地调查走访，一线拍摄收集资料，烈日酷暑，热情无限，大家都有一个目的——抢救，抢救性地

↓ 守望

把我们生活过的古老村庄记录下来，那些老树老街、那些老井老屋、那些老人、那些稍瞬即逝的众多散落的物质文化遗产和非物质文化遗产，一砖一瓦，一草一木，都是被调查的对象。大家起早贪黑、顶风冒雨、披荆斩棘，一路走来，从未间断，也不计报酬。我们所做的一切，是兴趣，更是责任，留下记忆，记住乡愁，便是行动的意义所在。一年过去了，大家完成了规定动作，又大大超出了规定动作。

2015年12月，接河北省民间文艺家协会通知，要求编纂“中国民间文化遗产抢救工程”《中国历史文化名城·名镇·名村丛书》，我们立即整理书稿上报。

本书文字是在2016年立档调查的基础上形成的，文中图片主要来自何克宁，她在十年前就开始关注这个村落，常在不同的季节抓拍南横口村的发展、变化及自然景观，并为本书选材及设计、编

↓ 老槐树

排做了大量工作，同时亲自执笔修改资料。井陉县政协原主席王新民，特别为传统村落刻章留印，更为此项工作增彩添色。可见，做成一件有意义的事情，定是凝聚很多人的心血，在此衷心感谢！

必须要提出的是，河北省民间文艺家协会荣誉主席郑一民、主席杨荣国等省民协领导专家曾经亲自调研，并进行专业指导，同时对本书的出版给予厚望和鼓励支持，在此敬礼并致谢！

书中分不同章节，阐述了中国古村南横口的地理位置、自然风貌、历史沿革、地名演变外，重点突出了全国重点文物保护单位——井陉窑南横口遗址的发现保护和历史烧制中各工艺流程的技能、技术，以及最完整的古窑遗址介绍。此外，还介绍了中华人民共和国成立前后南横口古瓷窑中各字号厂家的公私合营情况、相关人物、故事等。以马家大院为代表的特色民居建筑、正太铁路售票房遗址、井陉第一化工厂的开办等，也都纳入了本书的编写内容。昔日南横口的兴盛，离不开陶瓷生产技术，今日传统村落的认定、文旅开发也都离不开古瓷窑遗址这个根。以全国重点文物保护对象为魂的井陉窑南横口遗址，成为南横口（陶瓷水镇）文旅开发的重要亮点，并让南横口这个古老的乡村焕发出新的生机。

1969年11月，平涉公路横口跨绵河大桥动工修建，该桥是平涉公路井陉段的重要桥梁之一，为空腹式等截面圆弧形拱桥，是中华人民共和国成立后井陉人民自己设计、自己施工的第一座大型桥梁，1970年10月通车，解决了人、马车、汽车行走难的状况，是井陉人民的骄傲。1996年平涉公路拓宽，井陉段五公里大修，在石拱桥的东面又修建了一座钢筋混凝土大桥，为今日陶瓷水镇的文旅开发提供了有利的交通条件。

南横口井陉窑文化传承、研发、创新的一些内容，也列入本书的编写内容。因本书编写时间紧迫，原有材料不足，加上重新调整、走访没有充裕时间，有些内容难免出现遗漏。本书图片除立档调查的摄影资料外，还选用了南横口摄影大赛的优秀作品，特将其作者名单一一列举如下：

王克平　李占巧　郁苏龙　李　林　李丽悦

夏唯光　张　欣　郝锦华　关风亭　赵青山

王克平　张密林　李爱国　高彩霞　常　魏

张红燕　张立波　李瑞亭　崔力朋　李文力

李建进　马常胜　李惠茹　仇国强　宋会敏

张志军　刘亚军　王连枝　李建华　赵青山

宋文革　王妹林　张　兵　张彦田　董万生

张旻晟　丁建军　刘瑞华　姚　文　李建元

张国君　边旭辉　陈卫东　单世锋　刘克勤

马利民

然涉及人名较多，难免疏漏，敬请理解。

我们的宗旨是，力求真实、客观、全面地反映和展现南横口村的历史风貌和现状。但由于村中知情老者相继离去，大量有价值的信息缺失而无法再收集到，难免遗憾。对此，调查的工作我们会一直做下去，再提高，再充实。书中不妥之处，谨请批评指正。

编者

2022年7月

图书在版编目（CIP）数据

中国历史文化名村．河北南横口 / 中国民间文艺家协会组织编写；潘鲁生，邱运华总主编．—北京：知识产权出版社，2022.11

（中国历史文化名城·名镇·名村丛书）

ISBN 978-7-5130-7962-4

Ⅰ.①中… Ⅱ.①中…②潘…③邱… Ⅲ.①乡村—概况—井陉县 Ⅳ.①K928.5

中国版本图书馆 CIP 数据核字（2022）第 187142 号

责任编辑： 宋　云　赵　昱

责任校对： 潘凤越

装帧设计： 研美文化

责任印制： 刘译文

中国历史文化名城·名镇·名村丛书

中国历史文化名村·河北南横口

中国民间文艺家协会　组织编写

总 主 编　潘鲁生　邱运华

本卷主编　何克宁　马　佶

出版发行： 知识产权出版社 有限责任公司

网　　址： http：//www.ipph.cn

社　　址： 北京市海淀区气象路 50 号院

邮　　编： 100081

责编电话： 010-82000860 转 8388

责编邮箱： songyun@cnipr.com

发行电话： 010-82000860 转 8101/8102

发行传真： 010-82000893/82005070/82000270

印　　刷： 天津市银博印刷集团有限公司

经　　销： 新华书店、各大网上书店及相关专业书店

开　　本： 720mm × 1000mm　1/16

印　　张： 12.5

版　　次： 2022 年 11 月第 1 版

印　　次： 2022 年 11 月第 1 次印刷

字　　数： 150 千字

定　　价： 80.00 元

ISBN 978-7-5130-7962-4